週末の
縄文人

週末縄文人

縄・文

僕らが縄文人になった理由

「もう秋になっちゃうよ」
「そうだね、明日こそ火を起こそう」

　ある金曜日の夜。1週間の仕事を終えた僕たちは、帰宅ラッシュの電車に揺られながら、マスク越しにひそひそ声で話をしていた。窓の外には東京のまぶしい街明かりが流れていくが、ふたりの頭の中は、週末の縄文生活のことでいっぱいだった。

「もう山の方は紅葉が始まってるかな」
「うん、そろそろ火がないと寒いかも」
「縄文人はどうやって火を起こせてたんだろうね」

　マッチやナイフなど既存の道具は使わず、縄文人と同じように、自然にあるものだけで火を起こしてみる。そんな挑戦を始めて、すでに数カ月が経とうとしていたが、未だに火が点く気配はなかった。それでも自然の中で試行錯誤する楽しさや、山の空気の爽やかさは、都会の暮らしでは得られないもので、週末がくるたびに僕たちの心は踊った――。
　3年前、僕らがまだ誰にも知られず、2人だけで山で遊んでいたところの話である。

　時は流れて現在。僕らは同じ映像制作の会社に勤めるアラサーのサラリーマン二人組で、最近巷では、縄と文と呼ばれている。自然が好きな僕らは、3年前から、休日を使って山でちょっと変わった活動をしている。そのテーマはいたってシンプル。

【現代の道具を使わず、自然にあるものだけでゼロから文明を築くこと】

　マッチやライターを使わずに火を起こし、石で作った斧で木を切り、竪穴住居を建てる。そんな原始の衣・食・住の暮らしの技術をひとつひとつ習得し、現代に至るまでの長い文明の道のりを辿っていこうという試みだ。縄文時代からスタートして、弥生時代、古墳時代、そして最後は江戸時代に至るまで、自らの手で文明を積み上げるのが僕らの夢である。

　また、せっかくだから他の人にも見てもらおうと、YouTube で「週末縄文人」というチャンネルを作り、動画の配信もしてきた。それによって、山奥で始めた2人だけの密かな遊びは、今では見ず知らずの10万人もの人々に共有されるようになった。本当に人生は何が起きるかわからない。

　ちなみに、僕らは会社に内緒で YouTube をやっているため、それぞれの顔の上に「縄」と「文」という文字のモザイクをつけている。いつからか、視聴者からその名前で呼ばれるようになったのだが、結構気に入ってる。

　そもそも、なぜこんなことを始めるようになったのか。このまえがきを書いている文の視点で、少し説明しよう。

　週末縄文人を始めるまで、僕は東京に暮らす普通のサラリーマンだった。仕事では月に30時間くらい残業しつつ、休みの日は友達と飲みに行ったり、カラオケや映画館に行ってプライベートを楽しむ。まとまった休みが取れれば、ちょっとした旅行にも行くし、わりと恵まれた生活を送っていた方だと思う。

でも、社会人になって4年くらいが経ったころ、そんな生活に
ちょっと飽きてきた。似たような1年のサイクルを繰り返す中で、
なぜだか、生きていることの意味がわからなくなってしまったのだ。
いったい、原因はなんだったんだろう?

　必死に働いている仕事が、本当に人や社会の役に立っているの
か、疑問を抱くようになったからだろうか。そうして稼いだお金で
行う消費的な娯楽に、虚しさを感じるようになったからかもしれな
い。はたまた、友人と交わす恋愛や愚痴などの代わり映えのしな
い会話に、飽き飽きしてきたから?　理由は100個くらいあるよう
にも思えたし、そのどれもが決定的でないような気もした。

　モヤモヤが晴れない僕は、思い立って天文台に星を見に行った
り、山奥の禅寺に通うようになった。絵に描いたような人生の迷
子である。
　その禅寺では、修行者たちが米や野菜を育てる自給自足の修
行生活を送っていて、とても魅力的だった。ここなら生きている
実感を得られるかもしれない。会社を辞めて出家しようかという
考えもよぎったが、結局そこまでの覚悟はなかった。あとで聞い
たら、修行者たちは僕が入山するかどうかで賭けまでしていたら
しい(賭けていたのは、差し入れのチョコレート)。

　ちょうどそんなときに、同期入社で仲が良かった縄から電話が
きた。「山で遊ばないか」その内容はちょっと変わっていた。現
代文明が崩壊したと想定して、それを最低限の科学やテクノロ
ジーを駆使して再建。しかもその様子を撮影してYouTubeで流
そうというのだ。大学で登山部にいた縄が、自然の中で自力で生
きることに強い関心があるのは知っていた。彼の家の本棚には、

「鉱石ラジオの作り方」や、「風車の仕組み」など、僕にはどこが
おもしろいのかわからない本がたくさんあるのだ。でも、嬉しそう
に話をする縄につられて、不思議と僕もワクワクしてきた。

　そこで、僕はゼロから文明を築くのであれば、縄文時代に遡り、
現代の道具をまったく使わないところから始めたいと提案した。
縄文時代に特別興味があったわけではない。ただ、歴史の教科
書の一番初めに出てくる祖先の目で世界を見ることができれば、
人間が、僕が生きることの意味が、何かわかるかもしれないと思っ
たのだ。
　縄もこの提案をおもしろがってくれた。かくして、僕らはそれぞ
れの思惑を抱きながら、「週末縄文人」を結成したのであった。

　まえがきが長くなってしまったが、この本には、そんな僕らが
動画だけではどうしても伝え切れないことを書きたいと思う。それ
は、カメラには映らない僕たちの心の動きだ。
　石を何十時間もかけて磨くときの没入感だったり、春の木を切
るときに吹き出る水しぶきの鮮烈さだったりと、僕たちが身体を張
るからこそ感じることがたくさんある。その瞬間瞬間、縄文人の
世界観に思いを馳せるのだ。
　それは、研究者から見れば根拠のない妄想だと言われてしまう
かもしれないが、まったく意味がないとは思わない。現代のサラ
リーマンが縄文人のような暮らしをしたら、一体どんな世界が見
えるのか。その景色を、僕たちの身体から出た本当の言葉で綴
れたらと思い、筆を執っている。

週末縄文人・文^{もん}

起こす

1章　原始の火には神様がいた

僕らの文明は火から始まる

2020年9月19日。その日の日記には、「アツかった」と書いてある。シルバーウィークの4連休の初日。もう9月も中旬だというのに、山に来ていた僕たちは半袖で、脇には汗がにじんでいた。それは季節外れの"暑さ"のせいだけではなかった。僕らは木の棒を手のひらで挟み、一心不乱になって回転させまくっていたのだ。

その日、人生で初めて「キリモミ式火起こし」に挑戦していた。マッチやライターに頼らず、自然のものだけで自力で火を起こしたい。そんなわけのわからない、"熱い"思いに突き動かされていた。

遡ること1週間。僕らは【週末を使ってゼロから文明を築く】という挑戦をするにあたって、一番初めに何をすべきか話し合っていた。2人とも歴史学や考古学を学んだことのない素人だが、すぐに意見は一致した。

「やっぱり、文明は『火』から始まるよな!」

調べてみると、人類と火の歴史は想像以上に古かった。僕らの祖先が日常的に火を使い始めたことを示す最も古い証拠は、なんと75万年前のものらしい。原人が暮らした遺跡から、火打ち石や焼けたオリーブの種が発掘されたそうだ。焼きオリーブとかおしゃれすぎる。

ともかく、自然のものだけで起こした火で僕らの文明の灯がともるなんて、最高にかっこいい幕開けではないか。そんな青写真を思い描きながら、アツい回転運動が始まった。

縄文人をナメていた2人

　4連休初日の朝、僕らは意気揚々と東京を発ち、活動場所の山へと向かった。到着したのはお昼ごろ。山には様々な木やツル植物が生え、歩いてすぐのところには澄んだ川が流れている。いよいよここで週末縄文人の活動が始まるのだと思うと、僕らの胸は高鳴った。

縄「火起こしはこの4日間で確実にできるとして、もし余裕があったら石斧を作るところまでいきたいな」

文「そうだね。石斧があれば、1週間くらいで竪穴住居が建てられそうな気がする」

縄「うんうん。その調子でいけば、きっと来年には製鉄してるな!」

文「縄文時代はすぐに終わっちゃうね!」

2人「はっはっはっはっはっ!」

　結論から言うと、この能天気な2人が火起こしに成功するのは、2ヶ月もあとのことだった。

　僕らはこのとき、縄文人の技術や知恵を完全にナメていた。現代人の知識を持ってすれば、シンプルな文明レベルの縄文時代なんてすぐにクリアできるとたかをくくっていたのだ。

しかし、その想定は見事に外れた。

　これを「縄文作業3倍の法則」と名付けている。縄文時代のやり方で何かを作る計画を立てると、だいたいその3倍は時間がかかるという経験則だ。「これは1時間で終わる」と言えば3時間、「3日もあれば十分だろう」と言えば9日はかかるのが相場だ。そのうち、「これは2日もあれば終わ……」「やめろー！」という感じで、計画を口にすることは不吉なこととして忌避されるようになった。

　これが何を意味するかというと、それだけ僕たちは自然について、そして自分の肉体について無知だということだ。削ろうとする石の硬さや、切ろうとする木の強さ、丸腰で自然に対峙したときの人間の非力さについて何も知らないから、目測を誤ってしまうのだ。かくして何も知らなかった僕たちは、鼻歌交じりで火起こしの準備にとりかかった。

火を起こすために石を探す！？

　最初にやるのは材料集めだ。僕らが挑戦する「キリモミ式」火起こしは、「ヒモギリ式」や「マイギリ式」など、数ある発火法の中でも、最もシンプルで原始的なやり方の一つだ。木の板の上で木の棒を回転させ、摩擦熱によって火を起こす。必要なのは次の3つだけ。

・火きり棒（手で挟んで回転させるまっすぐな木の棒）
・火きり板（火きり棒の回転を受ける木の板）
・火口（ホクチ）（摩擦の熱で生まれた火種を包んで炎にするための繊維の塊）

ただし、どんな種類の木がいいのか、自然の中でどうやって板を手に入れたらいいのかなど、わからないことがたくさんあった。すべて試してみるしかない。

　いざ、木を探しに行こうかと思ったそのとき、切るための道具がないことに気づいた。そこで、ひとまずナイフ代わりに使えそうな石を求めて、河原へ降りることにした。

　初めのうちは、よく切れそうな薄くて鋭い石や、先端が尖った石など、そのまま使えそうな形のものを拾っていた。ところが、使えない石を放り投げているうちに、割れると鋭いエッジが簡単にできることに気がついた。石器の誕生である。

　自ら道具が作れることに気づいた僕らは、わずか20分ほどで、両手いっぱいの石のナイフを手に入れることができた。

　これらの石器の質にはレベルがある。普通のものは、尖ったエッジ部分の耐久性が低く、木を数回削っただけで欠けてしまう。石器は消耗品なのだ。そんな中、エッジが鋭いにも関わらず、硬くて壊れにくい一級品の石器がある。僕らは自然とこれを「神石」と呼ぶようになった。

　しかし、「神石」も見た目は普通の石なので、使い終わってついそこらへんの地面に置いておくと、周囲に溶け込んで他の石と見分けがつかなくなる。「あれ、神石は……?」こうして神隠しにあったものが、一体いくつあっただろうか。その度に落ち込むのだが、心のどこかで「所詮は石」と思っているからなのか、神石に対する雑な扱いは一向に改まらないのであった。

まっすぐな木がない！

　森に戻ってきた僕たちは、火きり棒の素材となる木を探し始めた。しかし、これがなかなか見つからない。そもそもどんな種類の木が適しているかわからなかったため、とりあえず回しやすそうな、なるべくまっすぐな木を探すことにした。

　しかし、意識して見渡してみると、森にはまっすぐな木がほとんどないことに気づいた。まっすぐに見えても微妙に湾曲していたり、途中に瘤があったりと、なかなか思った通りの木が見つからないのだ。"直線"とはいかに人工的で不自然な概念なのかを思い知らされた。

　もしかすると、自然の中で生きてきた人々にとって、珍しい"直線"は憧れの対象だったのかもしれない。湾曲やでこぼこを排除した直線だらけの現代都市は、そんな憧れを持つ人類の行き着いた、皮肉な意味での理想郷のような気もしてくる。

　さて、1時間ほど"直線"を探して、ようやく見つけたのが空木という植物だった。その名の通り、幹の中が空洞になっていて、節が少なく、限りなくまっすぐに近い。長さ40cm、先端の直径が1cmくらいの棒になるように幹の一部を切った。試しに回してみると、重心はほとんどブレることなく、美しく回転する。火きり棒はこれでいけそうだ。

　続いては火きり板作り。「板」を作るには、大きい木を切り倒し、それを縦方向に板状に割らなければならない。試しに直径20cmほどの杉を石器で切ろうと試みたが、その圧倒的

な硬さに一太刀目で断念した。今の装備で倒せる相手ではない……すぐさま作戦変更だ。

　考えてみれば、火きり板が「板」である必要はない。火きり棒がハマりさえすればよいので、棒の直径よりも幅が広い木片ならいいはずだ。そこで、直径2cmくらいの若い広葉樹を切り、30cmほど頂戴した。生木で水分を多く含んでいたため、乾かすために石器で樹皮を剥ぎ、陽の当たる石の上に置いておいた。皮を剥いた木は真っ白で、長ネギみたいだった。

　火きり板にはもう一手間かかる。火きり棒を回転させるときにズレないようにするための窪みを彫る必要があるのだ。また、回転によって生じる木屑が一箇所に落ちるよう、窪みに接する溝も彫る（章末コラムに写真あり）。石器を使ってグリグリ。10分ほどで火きり板も完成した。

　ところで、火起こしに関する本を読むと、火きり板には杉が適していると書かれていることが多い。そこで、僕らも杉の枝で作ろうとしたのだが、硬すぎて窪みが彫れずに断念した。現代のように鉄のナイフがあればいいが、僕らの未熟な文明レベルに、杉はまだ早いようだった。

　しかし、これには思わぬ副産物があった。杉枝の樹皮を石器で剥いでいたら、剥がれていく皮がフワフワの繊維になったのだ。「あれ、これ火口になるかも」

　しかも杉の樹皮にはヤニ（油）が含まれているため、これが意図せず最高級の火口になったのだ。

　これで火起こしに必要な材料が揃った。ようやく実践だ！

甘い煙、ボロボロの体

　まずは縄が挑戦。火きり板を地面に置いて足で固定し、先ほど作った窪みに火きり棒の先端をはめる。あとは下に向かって圧力を加えながら火きり棒を回転させ、摩擦熱によって火種ができるまでそれを続けるという段取りだ。
「よっしゃあ、やるぞ〜!」
　気合十分で火きり棒を回転させ始める縄。しかし、何度か回転させたところで、すぐに棒が板から外れてしまった。体勢を整えて再びチャレンジするが、2回目も3回目も同じように外れてしまう。僕もやってみたが、やはり同じ結果となった。

　原因は火きり板にあるようだった。普通の板と違い、丸い枝を使っているため安定しないのだ。何度も挑戦したが、結局うまくいかないまま初日は日没を迎えてしまった。
　火起こし2日目。前日の反省を踏まえ、棒を回していない方の人が火きり板を押さえることにした。さらに、疲れてきたら回す方を交代するという連携技で臨む。
縄「じゃあいくよ!」
シュッ、シュッ、シュッ、シュッ……。

シュッ、シュッ、シュッ、シュッ……。

縄「キツくなってきた。ごめん交代！」

文「よっしゃ任せろ！」

シュッ、シュッ、シュッ、シュッ……。

シュッ、シュッ、シュッ、シュッ……。

縄「あ、煙だ！　煙が出てる！　いいぞ、そのまま頑張れ！」

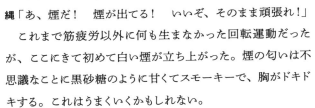

　これまで筋疲労以外に何も生まなかった回転運動だったが、ここにきて初めて白い煙が立ち上がった。煙の匂いは不思議なことに黒砂糖のように甘くてスモーキーで、胸がドキドキする。これはうまくいくかもしれない。

　火きり板は摩擦で削られ、溝から茶色い木屑がこぼれ落ちて一箇所に溜まっていく。

　よし、今だ！　棒の回転を止め、急いで木屑を火口に入れて息を吹きかけた。

文「フゥー、フゥー、フゥー……。消えた」

　火口に入れてすぐに、煙は雲散霧消してしまった。そもそも、まだ木屑にちゃんと火種ができていなかったのだ。初めての煙で、つい焦ったのがいけなかった。しかし、確実に手応えはあった。

　1人では不可能にすら思えたのに、2人で協力した途端の大きな前進。他の動物より弱かった人類が、他者と協力することで、個の能力以上のことを実現してきたという、いつかのNHKスペシャルでやっていた話は本当だった。

　ただ、その後も二人で挑み続けたが、煙が出るところまで

はいけても、なかなか火種ができない。失敗するたびに、火きり板に新しい窪みをグリグリと彫らなければならず、その労力に気分は萎えていくばかり。

文「くそーなんでだ……」

縄「こんなにシンプルなのに、原因がわからないな」

　僕たちは途方に暮れていた。手のマメは潰れ、手のひら全体にアザができたような状態で、火きり棒を挟んだだけで激痛が走った。これまでほとんど眠っていた腕や胸の未知の筋肉が悲鳴を上げ、発見された。もはや肉体の限界だった。

　火種ができないのは自分たちの筋力不足なのか、木の種類が間違っているのか、はたまた天気や湿度のせいなのか。こんなに単純な行為なのに、考えられる要因が多すぎて、どうしたらいいかわからなくなっていた。

　結局この日も、翌日も翌々日も、火種はできることなく、4連休は終わってしまった。

自分も縄文人だったはずなのに

　ここで少し、YouTube では公開していない舞台裏の話をしよう。4連休を終え、疲労困憊で仕事に戻ってからも、僕たちはずっと火起こしについて考えていた。昼休みや仕事帰りに顔を合わせては、ああでもないこうでもないと仮説を立てて話し合っていたのだ。そんなある夜、2人で仕事から帰っているとき、僕は急に不思議な感覚にとらわれた。

文「なんか今さ、なんで自分は火が起こせないんだろうってすごく不思議な気持ちになってきた」

縄「考えられる要因が多すぎるもんな」

文「ううん、そういうのとは違ってさ。辿っていけば自分も昔は縄文人だったはずなのに、なんで火起こしのやり方を忘れちゃったんだろうって。だって20%くらいは縄文人のDNAを受け継いでるはずなんだから。覚えてないことの方が不思議に思えてきた。絶対つけられるはずなんだよ。思い出せ！」

　このとき、突然スピリチュアルがかった相方の話を縄がどんな気持ちで聞いていたのかはわからない。普通に考えたら怖い。僕だって根拠のないおかしな話だとは自覚している。ただ、この不思議な感覚に包まれたまさにそのとき、折れかけていた心が妙に自信を取り戻していくのを感じたのだ。

ホームセンターで見えた光

　お互いになかなか仕事の休みが合わず、次に山に行けたのは10月に入ってからだった。この間、僕らはある作戦を立てていた。それは、試しに一度ホームセンターで杉板と棒を買って火起こしをしてみようというものだ。杉板が火起こしに向いていることは本で読んで知っていた。また、ホームセンターで売られている木材は完全に乾燥しているので、素材は完璧だ。つまり、これで火が起こせなければ、自分たちの筋力か技術力が原因ということになる。余計な変数を取り除いた、モデル実験のようなものだ。

　まずはナイフを使い、火きり板に窪みと溝を彫る。石器だとあんなに大変だった作業が、ものの数分でできてしまった。鉄のナイフのすごさを実感する。

やり方は前回の火起こしと同じ。2人で交互に棒を回転させると、なんと3回目のチャレンジであっけなく火種ができてしまった。僕らの目指す「原始の火」ではなかったけど、それでも初めて見る火種に、僕らは大興奮でハイタッチした。

　このとき、2つの重要な学びがあった。1つ目は、火種が生まれる場所だ。これまで僕らは、火種は火きり板の窪みの中で生まれるものだと思っていた。しかし実際には、火きり板から落ちた木屑の山の中で生まれていたのだ。

　摩擦で熱せられた木屑が溝から落ち、1箇所に積もっていく中で温度がどんどん上昇し、それがある点を超えたとき、木屑が自ら燃えて火種が生じる。つまり大事なのは、いかに木屑の温度を上げられるか。木屑が散ったり、下に敷く葉っぱが湿っていたりするのは言語道断なのだ。

　2つ目はペース配分。火種ができる直前、煙の量がブワっと増え、木屑の色が茶色から黒に変わったのを観察した。そのタイミングで棒を全力で回転させた結果、木屑の中にボロっと火種ができたのだ。

　今までは最初からガムシャラに回転させていたため、後半の黒い木屑が出る頃にはバテてしまっていた。この黒い木屑が出てから本気で回転させられるよう、いかに序盤で体力を温存できるかが重要だったのだ。競馬でいうところの差し馬スタイルである。

　その後も仕事帰りに杉板で練習を重ね、ようやく満を辞して原始の火起こしに挑戦できる状態に仕上がった。

世界一小さなエール

　次に山へ行ったのは10月の中旬。最初に火起こしを始め
てから2ヶ月が経ち、季節は秋になっていた。山に着いて車
を降りると、床一面にオレンジ色の落ち葉が敷き詰められ、
歩くとサクサクと小気味のいい音を立てた。空気はカラッと
していて、2ヶ月前に作った火きり板も、今までにないくらい乾
燥していた。これはいけるかもしれない。

　森は妙に静かで、部活の公式戦の前みたいな緊張感に包
まれていた。この2ヶ月間、何度も二人で試してきたポジショ
ンにつき、ついに原始の火起こしが始まった。

　トップバッターは縄。8割くらいの力で棒を回転させ、徐々
に摩擦熱を上げていく。白い煙が出始めたところで文に交代。
その直後、棒が板から外れて土に突き刺さった。こうなると、
棒の先端の温度が一気に下がり、リセットされてしまう。

文「あ～ごめん！」

縄「大丈夫、落ち着いて！」

　一瞬慌てたが、縄の掛け声もあり、落ち着きを取り戻して
再び棒を回す文。また煙が上がり、木屑がもりもりと出始め
たところで縄に交代。ここからは全力で勝負をかける。

縄「だあああああつけーーー！！」

シュッ、シュッ、シュッ、シュッ……。

シュッ、シュッ、シュッ、シュッ……。

文「いいよ！　煙、もくもく出てきた！」

シュッ、シュッ、シュッ……。

シュッ、シュ……。

文「キツかったら代わる!」

　死力を振り絞り、もはや文字化できない声をあげる縄。

縄「○※▲□×だあああ〜ごめん交代!」

文「よし!」

シュッ、シュッ、シュッ、シュッ……。

シュッ、シュッ、シュッ、シュッ……。

　ラストスパートをかける文。煙の量が増え、木屑の色が黒く変わった。

縄「つくつく!　ここだ、頑張れ!　まじでもうちょいだ!」

シュッ、シュッ、シュッ、シュッ……。

シュッ、シュッ、シュッ……。

縄「……ついたんじゃないか?」

　手を止める文。火きり板をどかすと、溜まった木屑が仄かに赤く光り、静かに煙が上がっていた。ついに、ついに自然のものだけで火種ができたのだ!　この2ヶ月の苦労が一気に頭の中で再生され、熱いものがこみ上げる。でも、喜ぶのはまだ早い。この火種を炎に成長させなければならない。

　産まれたての赤子を扱うように、火種をそっと火口に入れて包み込み、長く優しく息を吹きかけて酸素を送ってあげる。火種はとても消えやすい。絶対に絶やすわけにはいかないという緊張感と、限界を超えた筋疲労で、火口を持つ文の手はプルプルと震えていた。一方の縄は、文の耳元で世界一小さな声でエールを送り続けている。

縄「（ついてるついてるついてる。ついてるよ！）」

　大きな声を出せば、火種が消えてしまうと思っているのだろう。それほど繊細で、緊張感のある時間が続いていた。文が火口に息を送り続けて30秒が経過しても、まだ煙は大きくならない。そこで、試しに空気を送り込む角度を変えてみる。すると、火口は一気に大量の白い煙に包まれ、その奥が赤く輝いた。

縄「ついてる　ついてる　ついてる！」

　縄の応援の声量は次第に大きくなっていき、それに呼応するように、ボッと炎が燃え上がった！

　興奮はピークに達したが、ここでもまだ油断はできない。急いで火口を地面に置き、上に乾いた小枝をのせていく。空気が入るよう、隙間を確保しながら慎重に、そしてスピーディーに。やがて中くらいの太さの枝に火がついたころで、ようやく炎は安定した。何も言わず、顔を見合わせる2人。

縄「……もう喜んでいいかな？」

文「うん、もう喜んでいいでしょ！」

縄・文「やったーーーー！！！」

このとき、僕たちは初めて大声を出し、抱き合って喜んだ。その火はまぎれもなく縄文時代の人々が見ていた原始の火だった。

文「美しいなぁ」

縄「うん、美しいなぁ」

　「美しい」という言葉があんなに自然と口から出たのは、このときが初めてだったかもしれない。それは、「綺麗」とか「かっこいい」という言葉では足りない、神々しさを含んだ存在だった。そう、その火には神様がいたのだ。

　やがて夜の闇が降りてきて、僕たちの火が森の中で唯一の灯りとなり、まるで宇宙の中心に浮かんでいるような感覚になった。持てる力をすべて出し切った僕たちは、ただ黙ってその火を眺めていた。この小さな宇宙を満たしていた静かな充足感は、この先どんなに大変でも、この活動を続けていこうという決心を僕らに与えてくれたのだった。

火の起こし方

火口 - - - - -
きりもみでできた
火種を包み、火へと
育てるための繊維。
杉枝の皮を
石でこそいで、繊維状
にしたものがおすすめ。
持ち手を作ると安全。

火きり棒
手で回転させる棒。
なるべく真っ直ぐで、
芯が空洞の木を選ぶ。
長さ 40 〜 60cm、
直径 7 〜 10mm が
経験上、使いやすい。
木の種類はウツギ、
セイタカアワダチソウ、
アジサイなど。
乾いた枯れ枝を見つけるか、
生木の場合2週間ほど
乾燥させる。

落ち葉や樹皮 - - -
火きり板の下に敷く用。
よく乾いたものを使う。

火きり板 - - - - - - - - - - - - - -
火きり棒の回転を受ける木の枝。
直径 1 〜 1.5cm ほどが望ましい。火きり棒より柔らかい木を選ぶ（僕らは広葉樹をよく使う）。
爪で押して凹むくらいがいい。よく乾いているものを使う。

【工程】

鋭い石などを使い、火きり板に窪
みを作る。窪みは火きり棒の先端
がハマってずれなくなる程度の深さ
でよい。

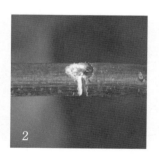

窪みの側面に、垂直に溝を彫る（窪
みの中心まで届かないくらいの深
さ）。この溝があることで、摩擦で
生じる木屑が1箇所から落ち、積
み上がる。

42

僕らが習得した「キリモミ式」火起こしは、
縄文人も行っていた最もシンプルで原始的な発火法のひとつ。
多少の手の痛みと体力的なキツさは伴うが、
それを乗り越えて太古の火が起こせれば、
感動すること間違いなしだ。

火きり棒の先端の芯の部分が詰まっていた
ら、少し削ってクレーター状にする。また、
摩擦力を高めるため、先端を石で擦って荒く
する。これで準備OK。

火きり板の下に落ち葉か樹皮をセットし、火
きり棒を手のひらで挟んで回す。棒を回転さ
せながら、下に押し付ける意識で。手のひら
全体を大きく使って回すといい。

はじめは8割の力で。発煙し、少し経って黒い木屑が
出始めたら全力で回転させる。木屑の中に赤く光る火
種ができたら手を止める。

火種を火口に入れて優しく包み込
み、細く長く息を吹きかける。次
第に煙が増え、ついに発火する。

※注意：火起こしは許可された場所・時間で、必ず水を用意して行う。子どもだけではやらないように！

研

ぐ

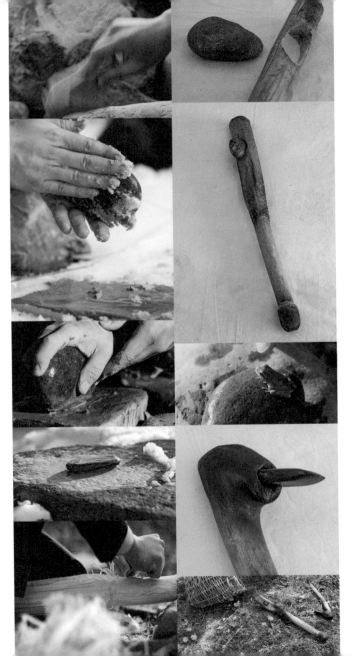

2章 石斧に宿った魔力

現代の悲しき偏執狂

　みんな何かしらの生きづらさを抱えていると思うが、僕もご多分に漏れずその1人である。一番はやはり、この偏執狂的な性格だろう。昔から1つのことに集中すると、自分だけが泡の中にいるように、周囲の音がまったく聞こえなくなるのだ。

　新入社員時代、自分の業務に集中していると、新人が率先して出るべき電話の音にすぐに気づけず、先輩が先に出て気まずい空気になることがよくあった。

　学生時代、授業中に友人のゴリから借りたちょっとエッチな漫画をこっそり読んでいたときもそうだ。先生に何度も指名されているのに気づかず、あわてて机の中に隠すも時すでに遅し。あとで借りる予定だった友人たちからの大バッシングの中、没収された漫画を奪還すべく、職員室に忍び込むはめになった。

　後者に関してはただの変態だったという可能性もあるが、ともかく、この性格にはほとほと困らされてきた。しかし、そんな僕の偏執狂的性格が、生まれてはじめて光り輝いた瞬間があった。それは、週末縄文人を始めた最初の秋のことだった。

石斧がほしい！

　そのころ、僕らは石斧の必要性をひしひしと感じていた。これから文明を発展させていくには木がたくさん必要で、ハンドアックスではとてもまかないきれないと思ったからだ。

　ハンドアックスは、人類がものを切るために発明した最も原始的な道具である。まあ、現代人の感覚からしたら道具と

いうより、エッジが鋭いただの石なのだが、これがとにかく切りづらい。

　一度直径、10cmの木を切ろうとして、数分経ったところで諦めたことがあった。石を手で握るため、切るときの反動が手首や肘にモロに伝わり、途中から痛みと痺れで力が入らなくなってくるのだ。木にはわずか1センチ弱の傷がついただけ。これには愕然とした。

　直径4cmほどの細い木は切れたが、それにも1時間近くかかってしまった。これでは人生がいくつあっても足りない。そんなわけで、僕らの縄文生活の行く末は、石斧を作ることができるかどうかにかかっていた。

斧には斧の石がある

　まずは縄文人が使っていた本物の石斧を見てみようということで、長野県にある井戸尻考古館に行ってみた。こちらの学芸員は研究だけでなく、実際に石斧や土器作りなどを実践し、縄文人の"心"に迫ろうとしている全国的にも珍しい博物館だ。

　展示ケースに並べられていた石斧の刃は、どれも美しく滑らかな流線型で、キューバで走っているレトロなアメ車みたいだと思った。色は緑が多く、グレーや黒っぽいものもあった。

　これらは「磨製石斧」という石斧で、縄文時代から作られるようになったものらしい。最大の特徴は、石の刃が鋭く磨かれているところ。それ以前の「打製石斧」は、石を叩き割って鋭くしていたので、刃先が凸凹していて荒々しかった。磨

製石斧は刃先が鋭く一直線で、切れ味も格段に上だという。僕らが初めて作る石斧は、「磨製石斧」に決まった。

　展示されていた磨製石斧には、「蛇紋岩」と書いてあった。ジャモンガン……怪物みたいな響きでカッコいい。色は黒に近い深い緑で、ぬらっとした光沢感があった。とりあえずこの蛇紋岩を見つければ磨製石斧ができるはずだと思い、忘れないように色や形をよく見て頭に刻んだ。石の種類なんてほとんど知らなかった僕が、初めて覚えた石になった。

　河原に行くと、いろいろな石があった。その中を「ジャモンガン、ジャモンガン」と馬鹿の一つ覚えで、くり返し唱えながら探すのだが、これがなかなか見つからない。博物館で見た蛇紋岩はツルツルに磨かれていたのに対し、足元に転がっている原石はゴツゴツのザラザラで、一つも博物館にあった石と同じに見えないのだ。しかも、よく見れば見るほど色のグラデーションが無限にあることがわかり、一つ一つすべてが違う石に見えてくる。思わず縄と顔を見合わせて、「石むずっ！」と叫んだ。

　後日、地質学に詳しい縄の後輩にこの話をしたら、「そりゃあ専門家でもパッと見て種類を正確に特定するのは難しいですよ〜」と教えてくれた。どうやら同じ種類の石でさえも、色や模様が違うことが平気であるらしい。素人にはむずいわけだ。

　ところが、このときの僕は運がよかった。薄い緑色で、な
んとなくジャモンガンっぽいなと思って拾った石が、実は磨製
石斧にぴったりの石だったのだ。あとで調べてわかったのだ
が、これは蛇紋岩ではなく、緑色凝灰岩という火山灰由来
の岩石で、なんとこれも蛇紋岩同様に、縄文人が石斧の材
料として使っていた石だった。まったくミラクルとしか言いよう
がない。

　そんなこととはつゆ知らず、縄のところへジャモンガンモド
キを持っていくと、彼もいい石を見つけたと見せてくれた。そ
れは真っ黒な平べったい石で、すでに石斧のような形をして
いた。

縄「おーそれジャモンガンじゃね!?　いいじゃん！」

文「そうだよね!?　その石もほとんど石斧として完成してる
じゃん！」

　お互いに見つけた石を過剰に褒め合うことで、
自信のなさをなんとか埋めようとする。この縄
文活動でよく見られる行為である。こうしていつ
ものように互いを鼓舞したあと、いよいよ石を加

工すべく、河原をあとにした。

石に名前をつける

　拠点の山へと戻る道中、僕は石の名前について考えていた。河原にあった無数の石にそれぞれ違う顔があることに気づいたが、その中で正式な名前を知っているものは一つもなかったからだ。気になってスマートフォンで検索してみると、「火山岩」や「砂岩」といった、石の成り立ちや特徴を表す学名がたくさん出てきた。興味深くはあったけど、それらは僕にとってほとんど役に立たない情報のように思えた。僕にとって大事なのは、それが石斧になるか否かということ。そして、そんなことは、石の学名からは決して伺い知ることができないことなのだった。

　そんな話を縄にしたら、民俗学が好きな彼がおもしろいことを教えてくれた。自然とともに生きていたアイヌ民族の言葉の中には、実用性に基づいて名付けられた自然の物がたくさんあるというのだ。調べてみると、たとえばオヒョウニレという落葉樹がそうだった。アイヌ語では《アッニ》と名付けられているそうだが、この《アッニ》は「繊維を取る木」を意味するらしく、アイヌの代表的な衣服《アットゥシ（樹皮衣）》の材料となる。彼らにとっては科学的な分類よりも、それがどう生活に活かされるのか、の方が重要だったのだろう。

　想像するに、縄文人も森羅万象に対し、このような名付け方をしていたのではないだろうか。僕が見つけた「緑色凝灰岩」や「蛇紋岩」、その他石斧になりそうな緑っぽい石を、

すべてまとめて「斧の石」というような名前で呼んでいたかもしれない。僕たちふたりの間でも、これから様々な石や木に、暮らしの必要に基づいた名前を付けていけたら素敵だなと思った。

　まずは石斧になりそうなこの石のことを、便宜的に「ジャモンガン」と呼ぶのはやめて、「オッノ」とでも呼んでみようか。名前をつけると不思議なもので、拾ってきたばかりの石なのに、たちまち愛着が湧いてきた。

石の機嫌を伺う

　山へ戻った僕らは、早速オッノの加工を始めた。キューバのアメ車のような形に近づけるべく、まずは余計な部分をなくすため、別の石で叩いて削ることにした。二人で並んで地面に座り、無言で石を叩く。

カチ、カチ、カチ、カチ、カチ、カチ、カチ……。

　季節はもう冬に入っていた。僕らの活動場所は標高が高く、森にはうっすらと雪が積もっていた。静かに澄んだ空気の中を、石がぶつかる音は凛と響き渡り、やがて白い景色の中へ吸い込まれていく。それが心地よくて、僕はただ無心で石を叩き続けた。もしかしたら木々や鳥たちも、縄文時代のリズ

ムを懐かしく聴いているかもしれない。真っ白な世界は、そんな想像をも膨らませる。

　このとき、僕の中の偏執狂がむくむくと目を覚ましつつあった。しかし、作業を始めて1時間ほどが経ったとき、突如縄の叫び声で我に返った。

縄「あーーーーー!!」

文「え、どうした!?」

縄「…………」

　沈黙したまま、しばらく固まる縄。その手の中には、真ん中で二つに割れた黒いオッノがあった。こうなってしまったら手の施しようがない。「どうして……」そう呟くと、縄はそのまま雪の中に倒れた。かわいそうに、彼の心は石と一緒にポッキリと折れてしまったようだった。叩く位置や力加減を誤ると、それまでの努力が一瞬にして無に帰してしまう。石器作りの恐ろしさを知った瞬間だった。

　縄の失敗を経て、僕は石の異変を少しも見逃すまいと全神経を集中させた。すると、今まで気づかなかったことに、耳が気づいた。石を叩く位置を少しずつずらしていくと、こんな風に音が変わることがあるのだ。

カチ、カチ、カチ、"コチ"。

「カチ」っと響くのが通常の音であるのに対し、最後の「コチ」は、くぐもっていて反響しない。どこか不穏な感じがしてその位置をよく見てみると、なんと小さなヒビが入っていた。この音は、「もうその箇所を叩いてはいけないよ」と教えてく

れる石の声だったのだ。

　ああ、僕の理想の形に当てはめようとしてはいけないのだなと思った。ちゃんと石の声を聞き、「どんな形ならなれるのか」を知って、こちらの理想との間にあるはずの妥協点を探っていかなければならないのだ。

　それからというもの、石を叩くたびに、僕と石との間で、絶え間ない対話が積み重ねられていった。気温は一桁台なのに、緊張で背中はじんわり湿っていた。そうして石の機嫌を伺いながら叩くこと２時間。完璧ではないが、なんとか割れることなく、大まかな形が整った。それは、僕と石との対話の末の、美しき妥協点だった。

石に宿った魔力

　残るは最も大事な作業、「磨き」だ。川で拾った大きくて平らなザラザラした石（砂岩）を地面に置き、砥石にしてオッノを磨いていく。包丁を研ぐのと同じように、オッノに水をかけながら、手前から奥へと研磨していく。結果から言うと、この単純作業になんと２０時間も費やすことになった。そしてここにきてようやく、僕の"偏執狂的性格"が本領を発揮するのである。

　意気揚々と磨き始めると、すぐに石の内側からベトベトする泥のようなものが湧いて出てきた。これはオッノが削れて粉状になったものと水が合わさってできた、研ぎ汁のようなものだ。これが出ているということは、石は順調に磨り減っているということ。よしよし。

　ふと思う。ここに溶け出した石の分子は、一体どれだけ長い年月この石の中に閉じ込められていたのだろうか。分子は色々なものに形を変えながら旅をする。さっきまでこの石の一部だった分子は、何千万、へたしたら何億年という時を経て、再び旅に出たのだ。僕は研ぎ汁に向かって、ナウシカになった気分で「さあ、森へお帰り」とささやいた。いよいよ変態

である。

　そんな遊びをしながら、はじめのうちは新鮮な作業を楽しんでいた僕だったが、1時間経ったころ心境に変化が訪れた。一生懸命研いだ部分が、たったの3ミリくらいしか減っていないのだ。研ぎ汁は結構な量が出ているのに、どう考えても計算が合わない。ふざけていやがる。日暮れも近く、寒さも厳しさを増していた。このペースでは磨製石斧が完成することなく週末が終わってしまいそうだ……。

　気持ちを切り替えるため、一度作業を中断し、縄と一緒に覚えたてのきりもみ式火起こしで焚き火をつけることにした。そして、ここから長い夜が始まった。

　すっかり暗くなった森の中で、焚き火の灯りだけが僕たちを橙色に照らしていた。再び磨き始めてから2時間、オッノには変化が現れ始めていた。磨いた部分がどんどん滑らかになり、鏡のように焚き火の炎を反射しだしたのだ。深さを増す緑色のそれはまるでエメラルドのようで、見ていると吸い込まれそうになる。磨けば磨くほど美しさを増していく石に、僕の偏執狂っぷりは爆発した。やばい、なんなんだこの快感は。これがトリップというやつなのか。もう磨くこと以外に何も考えられない。疲れも寒さも忘れ、「今、この瞬間に生きる」禅僧のような境地で磨き続けた。

　縄曰く、「あのときの文は完全に違う世界に入っちゃってた」とのこと。ちなみに彼はこの間、火を絶やさないように薪を集めてくべ続けてくれていたらしい。細かなところまでよく気

がつく優しい男なのだ。

　そこからの記憶はあまりないが、たぶん夜中に縄がストップをかけてくれたのだと思う。6時間くらい座りっぱなしだったようで、首や足腰がバキバキに固まっていて痛かった。頭はぼーっとしていて、まだ緑の世界に陶酔していた。止められなければ、僕自身が石像になっていたかもしれない。

　作業は翌朝から再開して、ようやく終わったのは夕方前。磨き始めてから20時間が経過していた。できあがったオッノについた研ぎ汁を小川で洗い流すと、途端に全体が深い緑色に輝き、その魅惑的なオーラに思わず息を呑んだ。なんて美しいんだろう。これが本当にあの河原にあった石なのだろうか。形だって、あの夢にまで見たキューバのアメ車そのものではないか。この鋭い流線型なら、どんな木だって切れるに違いない。

　また、オッノには見た目の美しさだけではない、不思議な魅力があった。僕はそれを「魔力」と表現したのだが、縄にはいまひとつピンときていないようだった。自分はビシビシ感じるのに、それを共有できないもどかしさ……。一体どう言語化したらいいのだろうか。

　ただの石をここまで美しく磨き上げた誇らしさもあるが、それだけではない気がする。ずっと離さずに持っていたいという、ともすれば周りから引かれてしまうくらいの強烈な愛着。おそらく、注いだ時間の問題なのだ。極度の集中状態で石を磨き続けた20時間は、かなり大げさに言えば、僕の命を注

ぎこんだ時間でもある。

　昔読んだ五木寛之の『燃える秋』という小説に、1枚のペルシャ絨毯はひとりの女の一生を吸い取って美しく織り上がる、というような文章があった。時間のかかり具合こそ違えど、僕の20時間分の全身全霊が閉じ込められたオッノは、まさに我が分身と言えるのかもしれない。

　そんな伝え方をすれば、縄にもわかってもらえるだろうか。いや、ピンとこないどころか、さらにドン引きされてしまうかもしれない。

　でも実はこの「魔力」を、縄文人たちも感じていた可能性が高い。というのも、この磨製石斧。実用の道具としてだけでなく、祭典や儀式にも使われていたというのだ。縄文人も磨製石斧の美しさに陶酔し、あの膨大な作業時間の中でトリップしていたのかもしれない。そして、自分自身の存在を石斧に投影することで、特別な価値を見出していたのではないだろうか。それを「呪術的」と言えばいいのか、「魔術的」と言えばいいのか僕にはわからないが、僕が感じた「魔力」みたいなものを彼らもきっと感じていた。そう思えてならない。

原始の斧 " 磨製石斧 " の完成

　最後の作業は、斧の「柄」作りだ。これもなかなか骨が折れた。そもそも、石斧の柄を作るのには木が必要なのに、その木を切るための石斧がないという矛盾！　どうしようもないので、旧石器時代スタイルのハンドアックスで地道に切ることにした。この作業は、僕が石を磨いてる間に、縄がヘトヘトになりながらも1時間かけてやり遂げてくれた。

　切り倒した木を60センチほどの長さにして、腐りにくくするために樹皮をはぐ。最後に石をはめる部分に穴を開けるのだが、木の中心部はかなり硬く、熱い炭を置いて燃やしたり、尖った石でぐりぐりほじったりして少しずつ掘っていった。そして作り始めて8時間、やっとの思いで柄ができた。

　恐る恐る磨いた石の刃をはめてみると……ぴったりだ！かっこいい、かっこいいぞ！　まさに縄文人が持っていそうな、イメージ通りの石斧になった。使うときに石が落ちないよう、木の根っこを裂いて作ったヒモで石と柄を結びつけた。これにより、使用時の衝撃で柄が割れるのを防ぐこともできる。丸3日かけて、ようやく磨製石斧が完成した！

石斧で木を切るということ

　早速、直径5センチほどの木を切ってみる。

ザク、ザク、ザク、ザク……。

磨製石斧はハンドアックスとはまったく違う音を立てながら、木の繊維を断ち切っていく。これまでは繊維をゴツゴツと叩き潰していくイメージだったが、磨製石斧はちゃんと"切って"いる感覚だ。木はわずか10分弱で切り倒すことができた。ハンドアックスでは1時間かかっていたので、その6倍という脅威の速さに僕らは大興奮だった。

縄「これは革命だよ！」

文「最初に磨製石斧を使った縄文人もさぞ感動しただろうね！」

縄「ほんと文明の進歩ってすごいな！」

文「これで竪穴住居も作れるね！」

　1本の木を切ると、ほんの少しだけ刃先が丸くなり、刃こぼれしていた。焦って砥石で磨く。すると、あっという間に元どおりの切れ味に戻った。切るたびにこまめに磨く。なんだか職人みたいでかっこいい。愛着を持った道具を大切に使うという感覚は、普段の生活にはなく、なんだか尊い気分になる。

　磨製石斧は、効率よく木を手に入れられるというメリット以外にも、大切な気づきを与えてくれた。それは、木に対する「畏れ」の気持ちだ。春先の木は水分を多く吸い上げているので、石斧を振るごとに幹から水が吹き出し、まるで返り血を浴びているかのように顔にふりかかる。それを初めて感じたとき、僕はあまりの衝撃に思わず斧を振る手を止めた。木は僕ら人間となんら変わらない、「生きようとする強い意志」を持っていることに気づいたからだ。その点で、僕たちの命は同じ地

平にあった。そのことに気づいた途端、木を切ることが恐ろ
しくなった。人はそれを「畏れ」と言っていたのかもしれない。

「木を簡単に切ってはいけない」という主張は、現代においては生態系の保全や、CO2の削減などのロジックでなされることが多いように思う。それは、僕の「切りたくない」とは根本的に違う。「今ここに在る命を簡単に奪いたくない」という、命そのものに対するデリカシーのような感覚である。これは直感的で、とても強い。自然との対話は、人間が全身全霊でぶつかっていく中でしか生まれないものなのかもしれない。石斧は、それを気づかせてくれる道具だった。

石斧の作り方

石 ‑‑‑‑‑‑‑‑‑‑‑‑‑‑‑
斧の刃の部分。
種類は緑色凝灰岩や
蛇紋岩、安山岩など。

研ぎ石
地面に置いて使う。
平らでザラザラした
砂岩などが適している。

木
柄の部分。
枯れ木だと加工しづらいので、
生木がよい。
具体的な種類は不明だが、
僕らは広葉樹で、
直径 7cm ほどの木を選んだ。

【工程】

河原や海岸で石を選ぶ。なるべく
完成形の刃に近い形・大きさだと
後がラク。困ったら緑色の石を探
そう。

選んだ石を、他の石で叩いて削り、
大まかな形を整える。石を濡らし
ながら作業すると粉塵が飛ばない。
石によってはアスベストも含まれる
ので要注意。

美しい磨製石斧は、縄文人にとってただの道具ではなく、
祭や儀式にも用いる超越的な力を持つ道具だった。
その力の源は、石を何時間もかけて磨き続ける、
瞑想にも似た制作過程にあるのかもしれない。

研ぎ石を使い、包丁を研ぐようにして石を磨く。ときど
き水をかけながら。研ぎ汁も研磨剤になるので活かす。
刃の後ろから先端にかけて、八の字に広がっていく形
にすると、柄にはまりやすくなる。ここが一番時間が
かかるが、瞑想だと思って頑張る。

柄として使いたい長さに木を切り出
す（僕らは腕の長さくらい）。それ
を水に一晩以上漬け、樹皮を柔ら
かくしてから剥ぐ。

石の刃をはめこむ穴をあける。鋭い石で削ってもよい
が、燃えた炭で焼くとラク（燃えすぎに注意）。

柄に石をはめ込み、完成！
使っているうちに刃こぼれしたら、
その都度研ぎ石で磨こう。大切に
使えば、愛着も一層深まる。

撚る

3章 ヒモは原始の大発明

ヒモに魅せられて

人類が生み出した、最も偉大な発明とはなんだろう。

ネットワークで世界と繋がれるインターネット?

人に翼を授けた飛行機?

言語の壁を越えて感動を与えられる音楽、なんて答えも素敵だ。

この問いに僕は声を大にして答えたい。

「いやいや、ヒモでしょ」と。

ちょっとやそっとじゃ切れない丈夫さと、複雑な結びを可能にする柔軟性を兼ね備えた美しき人工物「ヒモ」。脆い繊維をなんとか丈夫にできないか、その一心で「撚る」ことを初めに考えついたのは、たぶん縄文時代よりずっとずっと昔に生きた原始人。彼／彼女は石器時代のエジソンだ。

人類の歴史の中では、ヒモの発明はそれほど大きく取り上げられない（ヒモの多くは植物由来だから、風化して遺跡から発掘されにくいからかもしれない）。

僕も文も、はじめはヒモにとりたてて興味はなかった。当然2人とも、何かを「撚った」経験などない。現代社会では僕らが撚らずとも、丈夫なヒモが簡単に手に入るんだから。

しかし初めて0からヒモを撚ってみて痛感した。このシンプルかつ美しいメカニズム、そして「縫合」「織物」「釣り」など、次なるプリミティブテクノロジーの基礎技術への汎用性の高さ。ヒモは火起こしや土器に並ぶ、原始の大発明なのだ。

この章では、そんなヒモの魅力に憑りつかれた僕「縄」が、

ヒモの凄さを熱く語ります。少しの間、お付き合いください。

ヒモとの出会いのきっかけは手マメ

　キリモミ式火起こしにはちょっとした問題があった。冬の寒い日にやると、手に油がなくなって、滑って回しにくくなる。そしてなにより、手マメができてとっても痛い。

　2021年4月。より便利な発火法を求めて試したのが、「ヒモギリ式」だった。火きり棒にヒモを巻きつけ、ヒモの両端を持ち交互に前後させる。ヒモの前後運動を棒の回転につなげる発火法だ。

　はじめはテープ状に切り出した木の根の皮をそのまま使ってみたが、すぐにブチっと切れてしまった。自然界には、そのままヒモとして使える材料はまずない。たいていは強度不足だ。

　そこで僕らは、それを初めて"ねじって"みた。縄を綯う要領で、2本の束を同じ方向にねじっては、ねじりと逆方向に絡み合わせる。

「鎖の強さは、一番弱い環によって決まる」なんていうイギリスの哲学者の言葉があるけど、ヒモも同じだ。きれいな繊維を一本ずつ選りすぐって、「切れるな、切れるなよー…」と念じながら、一撚り一撚りしていく。

　木の皮をねじっているだけなのに、妙な緊張感だ。大学時代、ワンダーフォーゲル部の活動でロッククライミングをしていたことを思い出す。岩壁を登る際に用いるロープやスリングは、クライマーにとって一番大切な登攀道具（とうはんどうぐ）だ。ロープが切れてしまうことは、そのまま死につながる。だから少しの傷もあっちゃダメで、使用後は必ず水洗いして汚れを落としたり、地面に落ちてるロープを踏んづけたら先輩にめちゃくちゃ怒られたり、とにかく大切に扱われていた。

　「簡単には切れない」という保障そのものがロープの存在意義で、切れてしまうロープはもはやロープではない。僕らがヒモギリ式火起こしを成功させるためには、その「保障」を自分たちで0から作り上げなきゃいけなかった。

　大変なことだ、これは。

　なんてことをモヤモヤ考えているうちに、自然物の木の根
が、少しずつ人工物っぽい見た目に変わっていく。太さはま
ちまちだが、それは紛れもなく「ヒモ」の姿をしていた。

　強度を確かめるために、できたヒモを思いきり引っ張って
みることにした。文は心配そう。そりゃそうだ。今の長さ（1m
50cmくらい）まで作るのに、4時間もかかってるんだから。

　本気で引っぱった。全く切れない。おお、これならいけそ
うだ。

　火きり棒に巻きつけ、火を起こしてみる。ヒモの前後運動
に伴い、棒が勢いよく回転する。
「すごいぞ！　すごいぞぉ!!!」

　思わず声が出た。火きり板から、キリモミ式では考えられ
ないほどの煙が噴き出している。火種ができるまで2分かかっ
ていた火起こしが、1分もかからなかった。

　自然界に存在しえない強靭な「ヒモ」を生み出す世紀の発
明、「撚る」と出会った瞬間だった。

「撚り合わせ」というイノベーション

　一番初めに作ったヒモは、正確には「撚り」ではなく、「撚り合わせて」作っている。

　「撚る」とは、繊維を一方向にねじることだ。蚕の出す生糸なんかは1本の繊維がとても細く均一で、濡らして何本かまとめて撚るだけで、1本の絹糸になる。

　しかし、現段階で僕らが入手できる木の根の繊維は太さがまちまちで、ただ撚ってもすぐバラバラになり、なかなか1本のヒモにならない。

　それではどうするかというと、2本の束をそれぞれ一方向にねじり、今度は2本をまとめて反対方向に撚るのだ。こうすることで、撚りが戻ろうとする力が互いに反発しあい、束が安定する。これが「撚り合わせ」。

糸の世界では最初のねじりを「下撚り」、２本を撚り合わせるのを「上撚り」と言うらしい。繊維が足りなくなったら、新しい繊維を継ぎたして一緒に下撚りしてしまえば、あとは上撚りするだけで固定される。

　２つの束をねじり、そのねじりと反対にまとめて撚り合わせる。たったこれだけの行為で、繊維の密度は大きくなり、元の繊維よりも何倍も固くて丈夫な「ヒモ」に変化する。さらにヒモは柔らかく自在にその形を変え、結んだり縛ったりもできる。この辺が蔓（ツル）とちがうところだ。

　このシンプルかつ様々な活用の可能性に溢れる「撚り合わせ」の仕組みを初めて知った時、僕は「なんて美しい発明なんだ！」と心の底から感動した。小学校の時に初めて三平方の定理を学んだときの衝撃に近い。わかってしまえばなんてことはない、でも何の知識もない状態で、自力で0からそれを思いつくなんて、到底できそうもない。

　初めて撚り合わせを発明した原始人は、どんな発想の道筋を辿ったんだろう。崖の下に落ちた仲間をファイト一発助けようという時だろうか。愛する女性の長い髪を結ってあげてるときかもしれない。いずれにしても、この素晴らしい発明は、僕らに手マメを作らずに火を起こす以上の価値をもたらした。

“撚る”ができれば“縫う”もできるのでは？
　時は進んで2022年8月。竪穴住居が完成して間もないころ、無視できない問題が起きた。

　文のズボンのお尻に、めちゃめちゃでかい穴があいている。

僕らの竪穴住居は入口が低くて、毎度かがんで入らないといけないのだが、思えばそこで何度かビリッと嫌な音がしていた。穴掘りや粘土作りで汚れに汚れたスーツだが、替えの効かない一張羅である。なんとかしなければ。

　服の穴を塞ぐには、“縫う”しかない。そして縫うには、“糸”が必要だ。

　繊維を撚ったものはその太さに応じて、綱・縄・紐・糸と名を変える。この名詞の多さから、日本人の営みに“撚ったもの”がいかに多様な役割を担ってきたかがわかる。ヒモギリ式火起こしで使った木の根製ヒモは直径6ミリほど。糸にするには、もっと細い繊維を見つけなければならなかった。

　そんな折、いつもザリガニを獲りに行く川の岸部で、縄文時代から繊維に使われていた、ある植物を見つけた。

　「カラムシ」イラクサ科の多年草で、苧麻ともいう。縄文時代から現代まで衣服の材料として使われてきた、最古ともいわれる繊維植物だ。

使うのは茎の内皮の部分。まる1日川の水に浸けて置くと、皮がふやけて綺麗に剥がれてくれる。その皮をさらに3日乾かしたら、繊維を取り出す準備完了だ。

　皮の間に爪を立て、ピーッと割いて半分にする。それをまた半分に。これを繰り返していくと、緑色だった皮の中から、白っぽい繊維が出てくる。あまりに細くて軽いので、風が吹くとフワフワ飛んでいってしまう。

　一本の繊維は蜘蛛の糸のような細さだが、力を入れても簡単には切れない。良い糸ができそうだ。

　カラムシの繊維を乾かしている間、鹿角を加工して「縫い針」を作った。鹿角はそのままだと粘りが強くて削りにくいのだが、水に数日漬けると柔らかくなって、ぐっと加工しやすくなる。井戸尻考古館の学芸員さんから教えてもらった、貴重な縄文知識だ。なんだか水には助けてもらってばかりだな。ありがとう、水。

　水を十分に吸わせた鹿角を文が石で研いで、細くしていく。こと石磨き、石研ぎ系作業において、文の右に出る者はいない。放っておくと永遠に磨いている。

2日間かけて、太さ1.5mmほどの激細針ができた。鹿角は鉄と比べれば圧倒的に強度が低いので、ちょっと力を入れるだけでポキッといってしまいそう。よく折らずにこんな細さまで仕上げたものだ。文のこだわりはそれだけでは終わらず、黒曜石のカケラで、1.5mmしかない針に「糸を通す穴」まで空けてしまった。

　ちなみに縫い針の歴史は古く、今見つかっている最古の縫い針はロシアにあるデニソワ洞窟で発掘された鳥骨製の針だそうで、なんと、5万年前の人類が作ったものらしい。しかもその針にもちゃんと糸通し穴があるという。縫い針のデザインは5万年経っても変わっていないんだと知って、とても驚いた。

　さあ、文が最高の鹿角縫い針を作ってくれたので、今度は僕がこの穴にちゃんと通るほど細い糸を作る番だ。乾かしていたカラムシの繊維を取り出し、ヒモギリ式火起こしの時より一層丁寧に、1本1本傷がないか確かめ、少ない本数で撚り合わせ糸にしていく。

　カラムシの繊維は、細いながらも撚るとキュッと締まる感覚があり、頼もしさすら感じる。細かい作業で目がシパシパしてくるけど、「これは良いものができそうだ!」という手応えは、神経を使う長時間の作業にめげない活力を与えてくれる。

　6時間かけて、長さ2mほど、細さは1mmに満たない原始のカラムシ糸ができた。

　果たしてこの糸は、ちゃんと鹿角針の穴を通るのか。撚り合わせていると、繊維を継ぎ足したところはどうしても太くなっ

てしまい、糸の細さはやや不均一だった。言うまでもないが、2mの糸のどこか1か所でも針通し穴に引っ掛かってしまったら、きちんと縫うことはできない。

　ドキドキしながら品質チェックをする。

　スルスルスル……糸は端から端まで、滑らかに針の穴を通過した。やった！　成功だ！

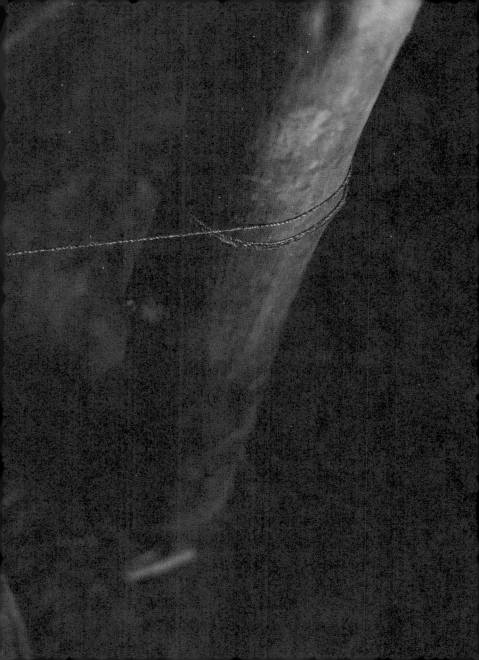

さっそくズボンの穴を縫ってみる。文は小学校で習った玉止めをしっかり覚えていた。義務教育も捨てたもんじゃない。

　自然のものだけを使って生み出した僕らの針と糸は、現代のそれらと遜色ないほどに、切り離された生地同士を華麗に"縫い"合わせてみせた。ズボンの穴はしっかりと塞がれ、週末縄文人はまたひとつ、文明の階段を登った。

縄ヒモ糸が文明にもたらしたもの

　温暖なアフリカ大陸で誕生した人類が、寒冷地を含む全世界に生息地を拡大できたのは、「衣服」を発明できたことが大きいという。動物の毛皮を縫い合わせて衣服にするための針は、その過程において重要な役割を担っていた。

　そして、縫う際には繊維に強い負荷がかかる。「自然界のほとんどの繊維はそのままでは耐えられず、縫うためには繊維から糸に加工しておく必要がある」ということも、実際に自分で糸を撚ってみて思い知った。

　糸なくして縫うことは叶わない。そして縄なくしては、なんと「文字」さえも生まれなかったかもしれない。歴史を辿ると、そんな風に思えてくる。

　インカ帝国では、キープ（結縄）という情報伝達手段があり、縄の結び方で複雑な言語情報の伝達を可能にしたらしい（一説によると、結び目だけで手紙や歴史書まで表していたという）。国内では沖縄で、藁の結び方で数量を表す「藁算」という技術が20世紀まで伝えられている。村仕事の出欠などに使われていたそう。なんて素敵な出席簿なんだ！「結ぶ」

という複雑な動作ができた縄は、文字の前身でもあったのだ。

　思えば、どうして縄文人がその名の通り、土器に「縄」の紋を入れたのか。神社やご神木などの神聖な場所には、なぜ「しめ縄」を張るのか。絹糸の原料を生産してくれる蚕を、なぜ「お蚕さま」と呼んで崇めていたのか。

　現代のわたし達が忘れているだけで、実はヒモは日本人にとって、もっと深く尊ばれる存在だったのではないか、活動を通じて、僕はそう考えるようになった。

　ヒモなんて、はじめは地味なものだと思った。火起こしみたいに劇的じゃないし、石斧ほど美しくないし、土器ほど造形の豊かさもない。

　でも、「撚る」というごくシンプルな作業で誰でも簡単に生産することができ、その後の文明に計り知れない恩恵をもたらしてくれたこの細長い原始の発明品を、今は愛してやまない。

　蛇足だが、動画の中で僕らの顔を隠す必要があったとき、なんの気なしに、僕は「縄」、相方は「文」の文字をあてた。今では、「縄」という名誉な名前をもらえてよかったと、心から思う。

ヒモの撚り方

ティッシュ
（普通のやつ。高級ティッシュは厚みがあるので NG。）

【工程】

1

ティッシュを2枚に分ける。

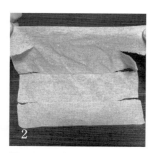

2

両サイドに、幅がだいたい4等分
になるよう切り込みを入れる。
切り込みの深さは4cm ほど。

86

手軽にヒモの仕組みがわかるよう、
今回はティッシュを使ってみた。
一枚のティッシュでも、撚れば驚くほど丈夫になる。

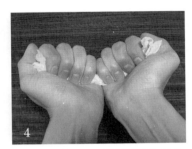

4つカドの切り込みをちぎり取る。
これはヒモをつぎ足すとき、ヒモの太さを均
一にするためです。

両手で優しく揉みこみ、繊維を柔らかくする。

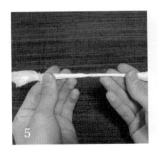

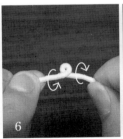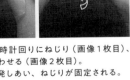

細くねじっていく。
ここで折れ目やキズができると、ヒ
モの見栄えが悪くなるので丁寧に。

左右の束をそれぞれ時計回りにねじり（画像1枚目）、
反時計回りに撚り合わせる（画像2枚目）。
この向きの違いが反発しあい、ねじりが固定される。
※難しければ中心をだれかに持ってもらおう

⑥の作業を繰り返し、ヒモにして
いく。

ヒモの末端が短くなってきたら、末
端の方はねじって、⑤と同じものを
2本用意する。追加する方の束の
末端はほぐしておくとよい。

ヒモの末端に束の先端を時計回り
に巻きつけ、⑥と同じように撚り合
わせていく。

最後に末端を方結びしたら、ティッ
シュヒモの完成！（作業時間の目安
は約20分）

湛える

4章　縄文人が土器に縄文を付けたワケ

縄文人の心

　正直、僕は週末縄文人を始めるまで、縄文土器にあまり興味がなかった。それは一言でいえば、作り手である縄文人の心が、自分からあまりに遠すぎて想像できなかったからだ。

　燃え上がる炎のような形や、目が回りそうな渦巻き文様。そして、余白を嫌うように張り巡らされた縄目文様。土器は強烈な力で何かを伝えようとしているのだが、それが何なのか僕にはまったくわからなかった。知らない外国語を喋る人が、すごい勢いで何かを伝えようとしてくるみたいに、その熱量だけは肌で感じられるけど、目が合うとかえって困惑してしまうのだ。

　土器を作った縄文人は、あの造形を通して何を伝えたかったのだろう。どんな心の動きが、あの文様を生み出したのだろうか。その心はとうに忘れ去られ、確かなことはもう誰にもわからない。

　だけどあるとき、少しだけその心に触れられた気がした、奇跡のような瞬間があった。そのときのことについて、これから書こうと思う。

そうだ、土器作ろう

　僕らが初めて縄文土器を作ろうとしたのは、縄文生活を始めて1年目の冬のことだった。山のせせらぎは凍りつき、火を焚かなければ外にいられないほどの寒さだった。今思えば、あまり土器作りに適した時期ではなかったが、何も知らない僕らは、縄文時代の象徴とも言える土器を作ろうと無邪気に

盛り上がっていた。

　1万6000年前から作られ始めた縄文土器は、それまでの人類の生活を一変させた大発明だと言われている。一番の変化は食にもたらされた。それ以前の調理は火で「焼く」ことが中心だったが、土器によって「煮る」ことが可能になり、木の実など食べられる食材が増えた。また、集めた食料の「貯蔵」も容易になった。これによって食生活が安定し、定住型の豊かな文化が花開いたそうだ。

　この話は実感として理解できる。冬は見渡す限り枯れ草しかなく、その静けさの中に生命の気配は感じられない。この時期を生き延びるには、不安定な狩りだけに依存するのではなく、ドングリなどの木の実を秋のうちから貯蔵し、煮炊きして食べるのが確実だったのだろう。この先、本格的な縄文生活を目指す僕らにとっても、土器が作れるかどうかは死活問題。早速、原料となる土探しから始めることにした。

土から始まる土器作り

　土器はどんな土でもできるというわけではない。試しに自分の足元にあった腐葉土のような黒い土を手に取り、ぎゅっと固めてみたが、形を留めることなく、すぐにボロボロと崩れてしまった。土器を作るには、自由な形に変形し、そのまま留まってくれる粘土質の土を見つけなければならないのだ。

　近くの川辺を歩いて地層を探索していると、幸運なことに、すぐに白っぽくてきめ細かい土を発見した。少し濡らして握ってみると、最初の土とは全然違って粘り気がある。これなら

土器が作れるかもしれない。

　活動場所に持ち帰り、土に混じっている根っこや小石を取り除いていく。氷点下の寒さの中、2人並んで地べたに座り、かじかんだ指先でつまみ出していくのだが、これが地味に辛い。ふるいを使えば数分で終わるような作業なのに……発明者が誰なのかは知らないが、人類をこの作業から解放したことを褒め称えたい。

　1時間ほどかけて、真っ白でサラサラな土の山ができたときは、小躍りしたくなるような達成感があった。これに砂を混ぜると焼くときに割れにくくなるらしいので、河原で集めてきて1割ほど加えた。

寒さという大敵

　次に水を加え、パン生地のように練って粘り気を出していく。だが、ここで問題発生。いつもの水源のせせらぎが、あまりの寒さに凍結していたのだ。試しに石で表面を割ってみると、3センチほどの厚みの氷の下で、わずかだが水がちょろちょろと流れているのを確認できた。 これで一安心と、手で水を汲もうとしたそのときだった。

文「くぅ〜〜！　冷てぇ〜〜〜！！」

縄「んだああああっ！！！」

　それはこれまで感じたことのない冷たさだった。冷たいというより、もはや痛い。

　縄は奇声をあげているが、こちとら笑っている余裕はない。2人で絶叫しながら、ひたすら手で水をすくっては土の山に

かけるのを繰り返す。しかし、無情にも運んでいる間に水は指の隙間からこぼれ落ちていき、山にはわずかな黒い染みが点々とつくばかり。なんとか充分に水をかけられたころには、手は真っ赤なしもやけになっていた。

そうか、こんなときにも土器があれば、水を楽に運べるのかと思った。液体を持ち運べるということは、当たり前に思っていたが、実はすごい能力だったのだ。土器の必要性を痛感した瞬間だった。

YouTube では見せられなかった事件

さあ、ここまでくればあと少し。あとは土をこねて粘り気を出し、それを寝かせれば粘土ができる。もはや感覚を失った手でこねること1時間、ボソボソだった土が、滑らかで粘り気のある1つの塊になった。このまま焼いたら、ぷくっと膨らんでおいしいパンになりそうだ。

陶芸家は上質な粘土を作るために、これを何年も寝かせるという話を聞いたことがある。だが、週末しか活動できない僕らにそんな時間はないので、とりあえず半日ほど寝かせてみることにした。あとは僕らも寝て、次の日の朝を待つだけ。しかし、事件はその夜に起きた。

夜中、気温は氷点下15度近くまで下がった。まだ竪穴住居がなかったため、僕らは山で車中泊していたのだが、それでもあまりの寒さに凍えていた。そして悪いことに、凍えていたのは僕らだけではなかった。なんと、寝かせておいた粘土も氷の

ようにカチカチに凍ってしまっていたのだ。これでは硬すぎてとても使えそうにない。途方にくれた僕らは、粘土を抱え、夜中に真っ暗な山道を降りることにした。救いを求めて走ること30分。なんとか見つけた安宿へ駆け込むと、ちょっと暑すぎるくらいの暖房が、体も心も、そして粘土も温めてくれた。こうして、無事に朝を迎えられたのであった。

　この事件は、文明に頼ってしまったという苦い敗北感とともに、1つの大切なことを僕らに教えてくれた。それは、縄文人は冬に土器作りなんてしない、という学びだ。

　後に井戸尻考古館のK館長にこの話をしたとき、実際に縄文時代の土器作りにはシーズンがあり、春から秋にかけて行われていた可能性が高いと教えてくれた。土器という一見無機質なものにも、狩猟や植物の採集と同じように自然のサイクルがある。そのことに感動すると同時に、僕らの体を張った仮説が正しかったと証明されたようで、嬉しくなった。

いざ、土器作り！

　一晩温めた粘土をこねてみると、ぐにゃりと曲がった。これで一安心。なんとか土器を成形できる。

　手始めに、大きくて平たい石の上に、これまた大きなホウノキの葉を敷き、作業台にした。こうしないと粘土が石にくっついてしまい、剥がせなくなるからだ。原始的な作業台の前であぐらをかき、気分はすっかり縄文時代の陶芸家である。

　手順はこうだ。まず、粘土をよく練って中の空気を抜いたら、少しちぎって円盤状にし、葉っぱの上に載せる。これが土器

の底の部分になる。次に、粘土を長くて均一なヒモ状に伸ばし、底の上にぐるっと一周するように積み上げる。接着面を指でなで、境目がわからなくなるようにくっつけたら、その上に次の粘土ヒモを積んでいく。いわゆる「輪積み」という方法だ。

　だが悲しいかな、頭ではわかっていても、現実はそう簡単にはいかないのが、僕たちへなちょこ縄文人である。底の部分を作り終え、粘土ヒモを作るところで早速つまずいた。両手をこするようにして粘土ヒモを長く伸ばしていきたいのだが、どうしても途中でちぎれてしまう。どうやら粘土の粘り気が弱いらしい。あんなに苦労して作ったのに、なんてこった。

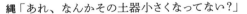

　仕方がないので、何本かの短い粘土ヒモを継ぎ足しながら作っていくことにした。ところが、その方法でしばらく積み上げていると、またおかしなことが起きた。

縄「あれ、なんかその土器小さくなってない?」

文「え、本当だ……。しかも、なんかぽてっとしてきた……」

　僕は粘土をまっすぐ上に積み上げたかったのに、気づけば真ん中あたりで外に膨らみ、ハクション大魔王の顔みたいな情けない形になっていた。粘土が重力に耐え切れず、積めば積むほどつぶれてしまうのだ。結局、大きな鍋を作ることは諦め、5cmくらいの高さで妥協せざるをえなかった。余った粘土で、最後っ屁の小さなコップを2つ作ってやった。

　本来はここで土器を何週間か自然乾燥させ、中の水分を飛

ばさなければならない。しかし、僕らはその時間が惜しかったので、焚き火の近くに土器を並べ、夜通しで薪をくべて強制的に乾燥させることにした。

　振り返ると、当時の僕らはだいぶ生き急いでいたなと思う。このときはまだ現代のサラリーマンの時間感覚しか持ち合わせておらず、なんでも自分たちの都合に合わせられると思っていた。待つことの大切さを、まだ知らなかったのだ。

This is 野焼き

　翌朝、土器は茶色から白に変色していて、だいぶ乾いているように見えた。これならなんとか焼けそうだ。

　僕らがやろうとしている土器の焼き方は、縄文時代に行われていた「野焼き」という方法。窯を使わず、焚き火に土器を突っ込むだけというシンプルかつワイルドな焼き方だ。

　まず、焚き火をしばらく放っておいて熾火状態にし、その上に土器を並べていく。火が上がっていない状態とはいえ、近くに手をもっていくと火傷しそうなほど熱い。軍手の偉大さを痛感する。あれが安価で流通していて、なんなら国道とかにうち捨てられている現代文明はすごい。

　土器を炎で覆わなければならないので、ひとまず木の枝をかぶせてドーム状にしてみた。数秒もすると、小枝は熾から熱をもらい、瞬く間に燃え上がって土器を包み込んだ。あとは焼きあがるまで、火が絶えないように薪を足していけばよさそうだ。

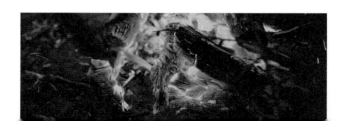

土器は焼き上がると、表面が赤く光る「赤熱」と呼ばれるサ<ruby>赤熱<rt>せきねつ</rt></ruby>インを出すらしい。1人が土器の様子を観察している間に、もう1人が枝を拾って薪にするというサイクルを、ひたすら繰り返す。どんな変化も見逃すまいと、炎のあいまをのぞきながら野焼きを続けること、なんと4時間。あたりに落ちていた枝も綺麗になくなったころ、ついに炎の隙間から見える土器の表面が、白っぽい色から、透き通った赤に変わって輝き出した！

　きっとこれが赤熱に違いない。それにしても、どうして土が光るのだろう。その不思議さと美しさに、思わず見とれてしまう。僕らはそれ以上薪を足すのをやめ、火が落ち着くのを静かに待った。

　1時間後、ついに3つの土器が灰の中から姿を現した。一番大きいハクション大魔王は、残念ながら真っ二つに割れていた。しかし、最後っ屁のコップはなんとか形を保っているようだ。お前が生き残るんかい。

　ちゃんと焼けている土器は叩くと高い音がするらしいので、試しに枝で叩いてみる。

カン、カン、カン

2人「おー!!!」

　森の中では聞いたことがないような人工的な高音に、僕らは思わず声を上げた。お箸でマグカップを叩いたような音に近い。どうやらうまく焼けていそうだ。しかし、実際に使えなければ何も意味がない。できあがったコップをせせらぎに持っていき、僕らを散々痛めつけた極冷えの水を汲んでみる。

すると、土器はまず珪藻土の足拭きマットのごとく水を吸い上げ、ずっしりと重くなった後に、しっかり水を湛えた。底からちょっぴり水が漏れていたが、十分使えるレベルだ。

縄「これで水が運べるぞ！」

文「もう冷たい思いしなくて済む！」

2人「あっはっはっは！」

　歓喜の瞬間だった。このとき、僕らは世界で一番コップのありがたみを感じていた人間だったと思う。僕らの土器作りの1ページ目は、「液体を運搬できることの素晴らしさ」を認識するところから始まったのだった。

　ただ、同時に土器作りの難しさも感じていた。このコップのサイズでは、とても調理などできない。それに、たとえ鍋料理などを作れたとしても、珪藻土足拭きマット状態ではスープの大半を土器に吸われてしまう。僕らは次に向けて、失敗の原因について話し合った。

縄「やっぱり粘土が良くなかったんじゃないかな」

文「そうだね。でも土そのものがダメだったのか、俺たちの粘土の作り方に問題があったのかがわからないよね」

縄「たしかにな……」

文「あと土器の乾燥も、焚き火で無理矢理やっちゃったのがまずかったのかもしれない」

縄「それでいうと、土器の厚みとか、焼き方も合ってたのかわからないし、原因として考えられる要素が多すぎるな」

2人「……」

これまでの火起こしや石器作りは、手順が単純でうまくいかない原因も見つけやすかった。それに比べ、土器は手順が複雑すぎて、どうしてもその原因を特定するのが難しいのだ。そこで、僕らは土器の破片とコップを持ち、困ったときの駆け込み寺、井戸尻考古館へ向かうことにした。

縄文人はすごかった

　僕らを出迎えてくれたのは、学芸員のS氏だった。彼は何度も野焼きで縄文土器を作ってきた、尊敬すべき先輩縄文人だ。今回のあらましを説明すると、S氏は発掘調査で日焼けした顔で、真っ白い歯を覗かせて笑った。

S氏「なるほど、わかりました。でもあまりヒントをあげすぎると、館長に怒られちゃうからな〜」

　そんな意味深な前置きをした上で、彼は2つの重要な情報を教えてくれた。

① 粘土の粘りが明らかに足りていない。

　　もっとこねる必要がある。

② 土器は磨いた方がいい。特に内側を磨かないと、

　　水が土器の壁面に浸透してしまう。

S氏「これくらいにしておこうかな。あとは自分たちでがんばってみてください。応援してます！」

　そう言い残し、彼は颯爽と去っていった。土器を磨くという発想は、目からウロコだった。磨くことによって表面の目が詰まり、土器が水を吸収するのを防げるのだという。これを最初に思いついた縄文人はどれだけ天才だったんだろうか。

帰り際、せっかくだから本物の縄文土器を見ていこうということになり、展示室に入った。すると、不思議なことが起きた。その展示を見るのは2度目だったのだが、すべての土器が1度目とはまるで違って見えたのだ。

　一体どうやったらこれだけ粘土を高く積み上げられるのか。土器の表面をよく見るとキラキラしているが、どんな粘土を使っていたのだろうか。どれだけの技術があれば、こんな複雑な装飾ができるのか。

　1度自分たちで作ってみたからこそ、その背景にある苦労や、彼らが何世代もかけて培った技術の途方もなさを想像できるようになっていたのだ。

2人「縄文人、すげえ……」

　僕らは顔を見合わせ、そのレベルの高さに思わず笑ってしまった。まだまだ彼らの心まで想像することはできないが、土器を作っていたその手は、少し見えてきた気がした。次こそは煮炊きできる縄文土器を作ろう。そう、決意を新たにするのであった。

真夏のリベンジマッチ

　2度目の挑戦は、縄文生活3年目の夏のことだった。前回の反省を活かし、粘土の土から見直すことにした僕らは、ひょんなことから最高の土と出会うことになった。きっかけは、僕らが敬愛する80代の現役茅葺職人・Tさんとの居酒屋での会話だった。

　Tさんはよくおもしろい昔話をしてくれる。大抵はTさんに

惚れた数々の女性たちや、ヤクザと喧嘩した逸話なのだが、その中にチラッとこんな話が紛れ込んでいた。なんでも昔、Tさんの地元では雨が降ると地面がベトベトになってタイヤに詰まるので、自転車を肩に担いで歩かなければならなかったそうだ。ピンときた僕らは、すぐに彼にお願いして、実家の土地で土を採らせてもらうことにした。後日、現場に行って地面を掘ってみると、それは前回の土よりも遥かに粘り気のある、上等な粘土質だった。

　これで最高の粘土ができるに違いない。Tさんにお礼を言い、早速土器作りに取り掛かった。今回は井戸尻考古館のS氏にもらったアドバイスを踏まえて、次の3点を改良した。

① 粘土をしっかりこねる。

② 土器を磨く。

③ 土器をしっかり自然乾燥させる。

　まず、粘り気のある粘土を作るため、前回は1時間だったこねる過程に3時間かけた。足で踏んだり手でこねたりと、かなりの重労働である。

　できた粘土で試しに粘土ヒモを作ってみると、前回よりは少し長く伸びたが、それでも20cmくらいで千切れてしまうという、なんとも微妙な結果に。これでもまだ粘り気が足りないのだろうか……。

　一方、大きく改善された点もあった。それは、前回にはなかった粘土のコシだ。いざ土器を成形してみると、高く積み上げていっても重力でへたることなく、20cmくらいの高さのものを作

ることができた。これならギリギリ煮炊きもできそうだ。煮炊き用の土器には、記念に番号をつけることにした。縄が作ったドングリ型の土器を「1号」、僕が作った寸胴型の土器を「2号」と名付け、成功を祈った。

続いては、前回やらなかった重要なステップである「磨き」だ。これにより、土器が珪藻土足拭きマットになるのを防ぐことができる。

1号・2号土器を成形した翌日。少し乾燥して固くなった土器の表面に、海岸で拾ったツルツルの石を擦りつけて磨いていった。磨くうちに、見た目はどんどん滑らかになり、ツヤが出てくる。革靴をピカピカに磨く快感に近いものがあり、これはなかなかハマる。

このときは大型連休で僕は所用があったため、縄がひとりで3日間、毎日2時間近くかけて磨いてくれた。後で聞くと、山でひとり土器と向き合うのは、かなり孤独で寂しかったらしい。ありがとう、そしてごめんね縄。

3日ぶりに土器を見たとき、僕はその変貌っぷりに驚いた。薄茶色でマット感のあった土器は、全体が深い茶色に変化し、ツヤツヤに輝いていたのだ。まるで巨大なチョコボールのようだった。内側だけでなく、外側までツルツルに磨き上げられた土器とは対照的に、縄の指先は乾燥でカサカサにひび割れていた。彼が土器にかけた愛情の深さを感じた。

この土器を竪穴住居の中で3週間乾燥させ、水分をしっかりと飛ばす。今回は焦らず、然るべき時間をかけて。そして、

３週間後のある晴れた週末、いよいよ２度目の野焼きのときがやってきた。

芸術は爆発か!?

　土器を焼く直前、縄はピカピカに磨き上げた１号を大事そうに抱え、「割れないでくれぇ」と小声で語りかけていた。その姿は、『あしたのジョー』の中で、矢吹ジョーを最強の世界王者ホセ・メンドーサが待つリングへと送り出す丹下段平にそっくりで、見ているだけで胸が苦しくなった。僕も２号を抱え、ぐっと念を込めた。

　まずは火を起こし、焚き火が熾になるのを待つ。その間、大事な工程がひとつある。それは、土器を火の近くに置き、自然乾燥では抜け切らなかった水分を飛ばしていく作業だ。少しずつ、慎重に回転させながら満遍なく乾かす。30分ほどで、手で触っていられないくらい土器が熱くなったので、いよいよ火に投入することにした。

　熾の上に土器を伏せて並べ、前回同様、薪をかぶせていく。土器は瞬く間に炎に包まれ、あとは焼き上がるのを待つだけ。そう思ったそのときだった——

BOMB !!!!!!

　大きな破裂音と共に、２号にかぶさっていた薪が飛び散った。

文「うわー！！！」

縄「どうしたどうした!?」

文「２号が、木っ端微塵になった……終わった……」

あまりに急な出来事で、僕は悲しさすら感じる間もなく、ただ呆然と立ち尽くしていた。原因もわからず、対処もできないまま、燃え盛る火の前でただただ無力感を味わっていた。

　しかし、まだ土器は1つ残されている。どちらかでも焼ければ、僕らの文明は次のステージに進むことができるのだ。希望は、1号土器に託された。

　そして焼くこと2時間。灰の中から出てきた1号は、底の部分が少しだけ欠けていた。

縄「欠けてるけど、全体が割れてる感じではないよね」

文「水さえ溜まれば、煮炊きはできるからOKだよね」

　最後まで希望を捨てない2人。しかし、迎えたのは無情な結末だった。

　1号を灰の中から取り出そうと、木の棒で触れたそのとき、欠けていた底の部分が丸ごと本体からずり落ち、土器はただの筒となった。

縄「あﾞあﾞあﾞあﾞあﾞ〜〜〜わあああはは あああ〜〜〜ん」

　言葉にならない悲鳴を上げ、膝から崩れ落ちる縄。もう6年の付き合いになるが、普段は冷静沈着な彼から、あんな奇声を聞いたのは初めてだった。僕らはしばらくその場から動けなかった。夕暮れの中、灰に埋もれた土器片の山からは静かに煙が上がり、まるで焼け野原のようだった。かくして、僕らの2度目の土器作りは完敗に終わった。

君たちの失敗が好きなんです

　もう次こそは絶対に失敗するわけにはいかない。そんな決死の覚悟で、僕らは再び井戸尻考古館に来ていた。今度はS氏の上司であり、縄文人の師匠でもあるK館長に直接教えを乞うためだ。割れた土器をK館長に見せると、彼はまずこう言った。

K館長「よく磨きましたね〜。これは縄文というより、インカの土器ですよ」

　インカ……予想外のワードだった。それは、15世紀に栄えた南米大陸の失われし文明。縄文時代とは場所も時代も全然違う。一体どういうことなのか。

　どうやら、インカの土器は内側も外側もピカピカに磨かれているのが一つの特徴らしく、縄がチョコボールのように全体を磨き上げた土器と似ているらしい。一方で、縄文土器には内側だけ磨かれているものが多く、このようなものはあまり見られないそうだ。

　しかも、もしかしたら磨きすぎたことによって中の水分が外に抜けづらくなり、それで割れてしまった可能性もあるという。磨きすぎが裏目に出るとは、なんという皮肉。僕は隣にいた縄の顔を見ることができなかった。

　僕たちはもっとヒントが欲しくて、K館長にさらに教えを乞うた。すると、K館長は少し困ったような顔をしてから、少し間を開け、とても大切な言葉をかけてくれた。

K館長「いじわるに聞こえるかもしれないけど、私は君たちの

"失敗"が好きなんです。その遠回りの中にこそ、大事な気づきや発見があるんですよ。だから本当は、なるべく答えを教えないようにしたいんです。

　仮に私が同じことをやろうとしても、答えを知っちゃってるから失敗できない。失敗できるということは、財産なんです。だから、今の"知らない"自分たちを大事にしてほしい」

　前回の訪問のとき、S氏が僕らの問いに答えることを逡巡していた理由はこれだったのだ。僕はK館長の思いに、胸がいっぱいになった。たしかに僕らは知らないから、試行錯誤をする。だからこそ、ようやく何かを知ったときに、痺れるような喜びを感じられるのだ。

　知識がまったくなければ進むことはできないが、かといって知りすぎてはおもしろくない。そのバランスは難しいが、知らないことをなるべく大事にしようと改めて思った。へなちょこ縄文人として、堂々と失敗しまくっていけばいいのだ。

　とはいえ、今回はもうすでに2度も同じところで失敗していることもあり、武士の情けで、K館長は1つだけヒントをくれた。それは、粘土の作り方だ。僕らは粘土をこねたその日か、その翌日に成形していたが、井戸尻考古館では最低でも5日間こね続け、そのあとしっかり寝かせてから成形するらしい。

K館長「これ以上教えちゃうとつまらないので、この辺でやめておきます。あとは自分たちで頑張って。きっと大丈夫、応援してます」

　超重要なヒントと、失敗しても何度でも立ち上がるスピリッ

トをもらい、僕らははやる気持ちを抑えきれないでいた。冬がくるまでに、あと1回くらいしかチャンスはない。何としても次で成功させなければならなかった。

芸術は爆発だ

　夏が終わろうとしていた。僕たちはこれまでのすべての知識と経験を総動員して、再び粘土作りから始めていた。まずは10時間かけて、大量の粘土から小石や根っこを取り除き、それをK館長から教えてもらった通り、5日間こねてこねて、親の仇かってくらいこねまくった。

　さらに、それをフキの葉で包み、乾燥しないように気を配りながら1ヶ月寝かせた。一見すると何も変化していないように見えるが、この時間に、粘土の中のバクテリアが働いて粘りを生み出してくれるらしい。待つ時間って大事なんだなと思った。

　そして秋になり、ついにこの粘土を試すときがきた。いつも通り粘土ヒモを作ってみると、まったく千切れることなく、どこまでも伸びていく。す、すごい。さらにそれを折り曲げてみてもまったくヒビが入らず、ねじってDNAのような螺旋構造さえ作ることができた。これは革命だった。僕らはついに、完璧な粘土を作ることができたのだ！

　いよいよこれで土器を作る。粘土はこれまでにないくらい自由自在に姿を変え、僕のイメージ通りに積み上がっていく。ああ、なんて楽しい作業なんだろうと思った。これまでの縄文生活の中で、こんなに自由な創作作業はなかった。

　木を削るのも、石を磨くのも、元々ある形から引いていく

作業だ。当然、元の形より大きいものは作れない。しかし、粘土は重力が許す限り、いくらでも付け足して大きくしていくことができるのだ。縄文土器のエネルギッシュな造形の根源には、この自由な創作と初めて出会ったときの、縄文人の爆発的な喜びがあるのではないかと想像した。そう、本当に芸術は爆発だったのだ！

　制作に没頭しているうちに、あっという間に３時間が経っていた。完成した３号土器は、サイズも造形も、これまでの土器を遥かに上回るクオリティーだった。もうこいつを失いたくない。絶対に焼き上げなければならないと思った。

　翌日、少し乾いた３号土器に、５時間かけて自作した竹べらを使って文様を描き込んだ。そして仕上げに、自分たちで撚ったヒモを土器の表面に押し付けて転がし、縄文土器の象徴ともいえる縄目の文様を施した。

　ところで、この章の冒頭で、僕は縄文人がなぜ土器にあのようなデザインを施したのかわからないと書いた。縄文人の心が自分から遠すぎると。しかし、この縄目の文様を施しているときに、突然、その理由がわかったような気がした。

　土器というものはとても脆い。その脆さは、これまで何度も失敗してきた僕らが身をもって知っている。一方で、ヒモというのは、撚り合せることで元の繊維の何倍も強くなる。初めてヒモを作ったとき、僕らはその強度に感激したものだ。縄文人は、そんなヒモを土器に押し付けることで、その強さを土器に宿したいという願いがあったのではないだろうか。

これを縄に話すと、「絶対それだ！」と強く同意してくれた。やはり同じ経験をしてきたからだろう。遥か遠くにあった縄文人の心が、今はその温かさを感じられるくらいに近づいた気がした。それはきっと、僕らがちゃんと"失敗"してきたからなんだと思う。

土器の死と再生

とはいえ、まだ土器は焼けていない。文様をつけた土器の内側をしっかり磨き、竪穴住居の中で3週間乾燥させた。ここまでは恐ろしいくらい順調だった。

ここで、読者のあなたに先に断っておくが、このあとまた悲劇が起こる。いい加減にしろとうんざりする気持ちはわかる。僕も土器を焼いているとき、ずっとそういう気持ちだった。ただ、今から起きる"失敗"はものすごく大切な意味を持つから、あと少しだけ我慢してほしい。そしてその先で僕たちの見たものを、ぜひあなたと共有したい。もう3／4まできているので、なにとぞ！

さて、いよいよ土器を焼く日が近づいてきた。その日は気持ちのいい秋晴れだった。僕は3号を外の空気に当てようと、竪穴住居の側の木陰に置いていた。ほんの数十分ほどだっただろうか。周りの雑草を抜いた後、再び土器を見ると、そこには信じられない光景があった。なんと、土器の片面に太陽光が当たり、そこに大きな亀裂が入っていたのだ！　3号の予期せぬ最期であった。

文「……ここで？　ここでえぇー？？」

渾身の出来だっただけに、悲しみは深かった。僕は膝の間に３号を抱え込み、中に顔を突っ込んでしばらく目を閉じた。

　土器には、乾燥したり焼いたりすると縮む性質がある。おそらく、太陽が当たった面だけが急激に乾燥して縮んだことで、他の面の大きさと差が生まれ、亀裂が入ってしまったのだろう。

　しかし、落ち込んでいたら冬が来てしまう。粘土は貴重品なので、泣く泣く３号を粘土に戻すという、悲しい儀式を行うことにした。

　石を片手に持ち、３号に向かって振り下ろす。単純なことなのだが、何度やっても寸前で手が止まってしまう。ひび割れているとはいえ、かわいい我が子を葬ることがどうしてもできないのだ。

文「ちょっと待って、できない。できないこれは」

縄「ああ、辛すぎる。見てられないかも……」

　少し覚悟を決める時間をもらい、ついに思い切って石を振り下ろした。３号は粉々の欠片となって、無残に地面に散らばった。

文「あ゛あ゛あ゛あ゛あ゛あ゛あ゛あ゛〜〜〜かあああぁぁぁ……」

　言葉にならない声を上げるのは、今度は僕の番だった。「心が痛む」とよく言うが、土器が砕けた瞬間、比喩ではなく、本当に心臓に痛みが走った。それほど、土器は自分と一体化していたのだ。

　だが、一度割ってしまうと、不思議と気持ちは切り替えら

れた。儀式という一見非合理的なもののおかげで、人間の心は前を向くことができるのかもしれない。こいつには絶対にかっこよく生まれ変わってもらいたい。欠片を3時間かけて砕いてサラサラの土に戻し、また5日間こねて、3号は再び粘土に戻った。

　余談だが、ある考古学者から、発掘される縄文土器には上手なものが多く、下手くそなものが比較的少ないと聞いたことがある。彼によれば、粘土は貴重品だったため、うまくいかないものは焼く前に壊して粘土に戻していたのではないかということだった。僕はその話を聞いて、心の底から納得したのであった。

ついにそのときが ……！

　その日、僕らは緊張のあまり口数が少なくなっていた。あの3号の悲劇から1ヶ月弱。目の前で焚き火の炎がパチパチと音を立て、その横には新しく成形した煮炊き用の土器が、焼かれるそのときを静かに待っていた。並んでいたのは、半球型の4号、円筒形で横に細かく線が入った5号、そして亡き3号の粘土で作られた深鉢型の6号土器だった。

　この2年、僕らは納得のいく縄文土器を焼くことに一度も成功していなかった。今度こそうまく焼けるはずだという期待と、また火の中で割れてしまうのではないかという不安が入り混じり、胃が変になっていた。

　そして、いきなり不安の方が的中してしまうことになる。火の周りで土器を乾かしている最中に、4号がひび割れている

ことに気づいたのだ。もはや驚きはしなかった。これだけ万全を期してもこのようなことが起こるのかと、なかば諦観していた。残る土器は2つ。これらはなんとか姿を保ったまま、熾の上に並べることができた。

　ここで、2つのことを改良した。これまで土器を逆さにして置いていたが、それだと中に空気がこもって前回みたいに爆発しそうだったため、今回は口を上にして置いた。

　2つ目は、薪を被せるタイミングだ。これまでの失敗から、土器作りの最大の敵は、急激で部分的な温度変化だとわかっていた。そこで、今までのようにすぐに薪を被せて炎で包むのではなく、まず熾の上で30分ほど放置して、徐々に温度を上げてから薪を被せる作戦に切り替えた。

　土器の周りの火力が均等になるよう、熾火の位置に配慮しながら、30分が無事に経過した。よしよし。次はいよいよ本焼きだ。土器に薪が直接当たらないよう、慎重に周りに積んでいく。そして土器は大きな炎の中に包まれ、ついにその姿が見えなくなった。

2人「どうか、どうか無事に焼けてください。お願いします……」

　特に信心深くもない僕たちだが、このときばかりは真剣に祈っていた。もうここまできたら、人にできることなどないのだ。すべてを炎に委ねて、祈るしかない。僕は全身に炎の熱さを感じながらも、なんとなく我慢したらその分うまくいく気がして、あまり焚き火から離れなかった。炎の中では、深い茶色

に変色した土の塊がゆらゆらと揺れていた。焼き上がる前の、土器の胎児みたいだなと思った。どうか無事に生まれてきてください……。

　1時間が経ち、土器の下の部分が赤く輝きだした。赤熱だ！まだ土器全体は見えないが、今のところ欠けている様子はない。今度こそ成功するのではないかと、僕らはにわかに興奮し始めた。ここからは薪を足さずに、火が消えていくのをひたすら待った。

　さらに1時間が過ぎたころ、あたりはすっかり夕方になっていた。さっきまで炎が燃え盛っていたところには、まぶしい西陽を受けた土器が2つ、静かに白い煙を吐き出して立っていた。それは、まるで生まれたばかりの仔牛が、全身から湯気を出して立っているような、生命の持つ美しさがあった。
カーン、カーン、カーン……

　枝で土器を叩くと、どちらからも高く澄んだ鐘のような音が鳴り響いた。胸が震えた。今度こそしっかりと焼けている。ついに、土器は無事に生まれたのだ。そのときに沸き起こったのは、「ありがとう」という土器への感謝の念だった。

　土器作りを始めてから2年。こんなに長い道のりになるなんて、誰が予想しただろうか。何度も失敗しては修正し、試行錯誤を繰り返してきた先に答えがあった。僕らの祖先もきっと、同じような道のりを辿って、この音を聞いたに違いない。

　最後に、完成した土器で川の水を汲んでみた。土器はたっ

ぷりと水を湛え、それをしっかりと留めた。これなら煮炊きも
できそうだ。底からわずかに水が染み出したが、これはクリ
などのでんぷん質のものを煮て、目止めをすれば問題ないは
ず。僕たちの文明はこの瞬間、新たな段階へと進んだのだった。

K 館長との後日談

　土器が完成したあと、僕らがすぐに向かったのは言うまで
もなく井戸尻考古館だった。K館長もS氏も、笑顔で僕らの
成功を祝ってくれた。そのときに話したことが印象的だったの
で、最後に触れておこう。

　話題になったのは、土器が完成したときの「ありがとう」と
いう感謝の念についてだった。K館長も、その気持ちがよくわ
かるというのだ。その理由を、彼は次のように話してくれた。
「土器が焼けたとき、たとえそれが自分で作ったものでも、"生
まれてきてくれた"という感覚になるんです。それは、土器が

人の手だけではなく、土、水、そして火という他力を借りて
できるものだからではないでしょうか」

　土器という無機質なものに対して、「生まれる」という命の
ような表現をすることに、僕もまったく違和感はなかった。そ
れはK館長の言う通り、土器作りのプロセスは、自然に委ね
なければならない部分が多いからだろう。自分の望みや力だ
けではどうにもならない、ままならなさ。その点で、赤子が
生まれることと、土器が生まれることは似ている気がする。
だからこそ、それが与えられたとき、僕らは何かに深く感謝
をしたくなるのだ。

土器の作り方

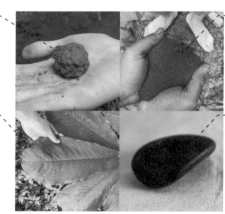

粘土質の土 - - - - -
川の下流域の地層を
探す。
田んぼの土も狙い目。
目安は、少し濡らして
耳たぶの硬さぐらい。

砂
粘土に混ぜ込むと、
焼くときに割れにくくなる。

ホオノキや - - - - -
フキなどの
大きい葉っぱ。

土器を磨くのに使う
ツルツルの石。
海岸で探すとよい。

【工程】

1

採取した粘土質の土から、根や石を
取り除く。砂を粘土に対して3割ほ
ど加えたら、水を少しずつ足しなが
らこねていく。粘りが出て一まとま
りになったら、濡れたフキの葉など
にくるんで寝かせる。

2

5日間、毎日30分ずつ粘土をこ
ねたら、1ヶ月ほど寝かせる。粘
土を折り曲げてもヒビが入らなけれ
ば合格。

アリストテレスが世界を構成すると考えた、土、水、空気、そして火の4大元素。
それらはまさに土器作りに必要な要素そのものである。
それに加えてもう一つ大事なものがあると思う。
それらが変化する"時間"だ。粘土を寝かせる時間や、土器を乾燥させる時間、
そしてじっくりと焼く時間。焦らず、必要な時間をしっかり与えれば、
土器はきっと答えてくれる。

平たい石に大きな葉を敷く。これが縄文式ろくろ。この上で土器を成形する。大きい土器なら粘土ヒモを積んでいく「輪積み」、小さいものなら玉状の粘土を伸ばしていく「玉づくり」がおすすめ。

成形の翌日、半乾きの土器の内側を丸っこいツルツルの石でよく磨く。これにより水漏れを防ぐ。表面に文様を付けるならこのタイミング。ヒモを転がし、"縄文"を付けるのもオツ。これを日陰で3週間乾かす。

火を起こし、焚き火のそばに土器を30分ほど置き、さらに乾燥させる。そうしてる間に火が燵になってきたら、野焼きの準備完了。

燵の上に土器を置き、30分余熱する。

土器の周りに薪をくべ、強い火で1時間ほどかけて焼き上げる。土器が赤く光る「赤熱」が完成の合図。火が自然に消えるまで待ち、土器を取り出す。

建てる

5章　竪穴住居から縄文の世界を覗き見る

僕らの一番長い旅、竪穴住居への道

　完成の瞬間、気づいたら僕らは、肩を抱き合っていた。

　穴の直径約2m、深さ50cm。Y字頭の柱4本、梁4本、垂木24本。屋根には1万本のクマザサを葺いた。制作日数は30日。

　本物と比べたらやや小ぶり。しかしそれは紛れもなく縄文人の住まう家、「竪穴住居」だった。

　トンカチも釘もノコギリも使わず、自然にあるものだけで、僕らは「家」を建ててしまったのだ。

　あまりの達成感に、手が震えている。

　この手も、この一ヶ月でずいぶん様変わりした。

　人差し指の先は、クマザサを折り過ぎたせいでタコができている。5000本も折ったから当然か。中指の付け根には、火起こしでできた血豆。皮膚はガサガサで、うっすら土が染み込んでとれなくなっていた。

　スーパーの入り口で消毒用アルコールをつけるとしみて悶絶する、現代の生活では不便極まりない手だが、少しだけ縄

文人に近づけたような気がして、なんだか誇らしい。

　手はガサガサ、毎度朝から晩まで作業して身体はクタクタ、最後の方は2人でケンカまでしちゃって、そんなこんなでようやく生み出した僕らの住まいは、びっくりするぐらい頑丈で、美しかった。

　……え？「竪穴住居なんて、ただ穴掘って上から屋根被せただけの粗末な家じゃないか」

　って？　それは違います。

　縄文時代は、マンモスなど大型動物を追って移動生活をしていた旧石器時代から、定住中心の生活に変わったころ。10年20年と長く住み続けるため、竪穴住居には、家の寿命を延ばす素晴らしい技術がいくつも施されている。実際に建ててみて初めてわかったことだが、この建築方法は本当に、本当によくできている（詳しくは後述）。

　そして、居住性も優れている。中に入ってみると、しんとした静寂に包まれ、不思議な安心感がある。初めは空気がこもっていてやや息苦しいが、中心に置かれた炉に火を焚くと、環境は一変する。上昇気流によって室内の空気が循環してカラッと快適に。そして火のぬくもりが身体を芯から温めてくれる。心も体も休まるこの空間は、まさに「我が家」と呼ぶにふさわしい。

　外では常に厳しい自然環境や肉食獣の脅威にさらされていた縄文人にとって、この家は大切な寄る辺だったことだろう。

　竪穴住居を建てるのは、当時の縄文人たちにとっても大

変な労力だったと思うが、それを復元しようと試みた僕らも、それはそれは苦労した。土地も資源も限られている現代においては、必要な素材を許可をとって集めるだけでかなり時間がかかったし、なにより「建築」というテクノロジー自体が、今までの活動の中で最も高度で過酷なものだったからだ。

そんな僕らの竪穴住居建築の日々は、こんな感じで進んだ。

理想の土地を求めて

僕らが最初に活動していた場所は、500坪くらいの山林だった。素敵なところだけど、渓流のそばの土地だったためか、傾斜が強く、地面には大きい石がゴロゴロしていた。

2人で話し合い、竪穴住居を建てるために、もっと広くて平らな土地を探そうということになった。

最初の活動場所で
建てた「笹葺き小屋」。
2人だと身体の
半分までしか入らない。
この大きさでも
製作に丸3日
かかっている。
（まだスーツを着だす前）

土地探しは4ヶ月ほどしていたと思う。

仕事の合間に山林の空き物件がないかネットを見漁ったり、ジモティーで山を貸してくれる人がいたら現地を訪ねて見せてもらったり、あの手この手で土地を探した。

ある日、文の知人のツテで、今の活動場所に出会った。

2000坪の広大な敷地で、周囲に人家がなく、何よりまっ平ら。理想の環境だった。

　近辺で縄文人の遺跡がいくつか発掘されている、縄文文化と縁が深い土地柄だったこともあり、地主さんは僕らが借りることを快く了承してくれた。新天地での再スタートに、僕たちの心は躍った。

現在の活動場所。
2本のシンボルツリーは
コブシの木で、
春には
美しい白い花を
咲かせる。

穴掘り、根切りに2日間

　まずは竪穴掘り。

　1人が木の棒を地面にブスブスさして柔らかくし、もう1人がその土を手でかき集めて外に出す。ひたすらこの繰り返し。掘っても掘っても大きな石がまったくない。なんて良い土地なんだろう。

　ストレスのない快適な土掘りだ。

　文がおもむろに「スコップってすごくね？　土をかき出して外にすくい出す。この2つの作業が一気にできるんだもん」と言い出した。たしかにそうだと僕は激しく頷く。

　30cmほど穴を掘り進めたら、縦横無尽に張り巡らされた

木の根たちが姿を現した。なるほど、石がなければ根もさぞ張りやすかろう。かなり太い根もあってちょっとげんなりしたが、住まいにはジャマなので、切れ味がよくて僕らが「包丁石」と呼んでいる鋭い石を使ってせっせと切っていく。

　作業すること2日。深さ50cmのなかなかしっかりした竪穴ができた。

　そもそも、竪穴住居の竪はなぜ「縦」ではなく「竪」なのか、みなさんはご存知だろうか。

　「竪」は、「地面に対して垂直の方向に向いてる」ことを意味している。だから楽器の「竪琴」も、地面に垂直にたてて弾くのでこの文字が使われている。

　つまり竪穴住居とは、「地面の下をまっすぐ掘り進んででき

た穴の上に、屋根を被せた半地下状の家」のこと。

　何がすごいって、竪穴とは住居における「床」と「壁」なのだ。現代の感覚で床と壁を作ろうと思ったら、木の板を用意して敷いて、柱を建ててその間に漆喰やら土やら塗って……なんて大変な手間がかかるけど、竪穴住居にはそれがない。穴を掘ってしまえば床と壁ができてしまう。なんてシンプルで効率的な建築なんだ！

　家はもう、出来たも同然だ！（壮大なフリ）

どなたか、木を切らせてください……

　次は住居の骨組みとなる「木材」を調達する。

　現代で縄文作業をする上で避けては通れない問題、それは「全ての土地は誰かの所有物であり、その土地のものを勝手に採ってはならない」ということ。

　借りた土地にはあまり木が生えていなかったので、木を切らせてもらえる場所が別に必要だった。

　幸運なことに、近くに山を持っていたやっさんという方が、木を切ることを承諾してくれた。現地に挨拶に行ったとき、ちょうど焚き火スポットにするための穴を掘ろうとしていたので、僕らがその辺の木の枝を使ってエッサエッサと掘り始めたら大ウケしていた。それで気に入ってもらえたのかもしれない。まさか穴掘りの経験が現代で役に立つとは……。人生、何が起こるかわからない。以降の活動で使っている木材は、ほぼ全てやっさんの土地からいただいたものだ。感謝してもしきれない。

さぁ、木を切っていくぞ！

　太めの木（と言っても直径5〜10cm程度だけど）を切るときには、石斧が欠かせない（木の切り方については、文が石斧の章で書いてくれているので割愛する）。

活動初期に製作した石斧。
元々の刃は緑色凝灰岩製の
磨製石刃だったが、
柄のハマりが悪かったので
その辺の石をはめて代用した。

　3日間ほどかけて、23本の木を切り出した。ちなみに、このあたりが一番手に血豆ができていた時期でもある。

皮剥ぎの"旬"到来

　ひとつ面白い経験をした。樹皮がついたままだと中が乾きにくく、腐りやすくなるので、木の耐久性を上げるために皮を剥いでいた時のこと。

　なぜか皮がウソみたいに綺麗に剥げるのだ。それはもう、切り口から細い枝先まで、何メートルも切れずにスルスルと。

　知り合いの大工さんによると、作業をしていた5月は、ちょうど木々が葉を茂らすために根からぐんぐん水を吸い上げて

いる季節で、そのため木の皮を剥ぎやすいのだそうだ。

　木の表面はだいたい鈍い色でゴツゴツしているが、外皮を剥くと透き通るように真っ白な美しい幹が出てくる。木がたちまち木材になっていく感覚。たまらない。

　普段であれば鋭い石のスクレイパー（へら状の道具）でゴリゴリ削りながら皮を剥がないといけないので、作業が格段に楽だった。さらに綺麗に剥けた皮は丈夫なヒモとして使えるので、この後屋根の骨組みを作る際に大変重宝した。

　言い方を変えると、木の皮剥ぎは春先が「旬」なのだ。

　春にキャベツで夏トマト、秋はサンマに冬白菜……

　食べ物には旬があるが、たぶん原始の暮らしには、衣食住あらゆる営みに旬があったんだと思う。粘土作りは冬にやるとカチカチに凍って全然こねられないし、カラムシは6月の梅雨明けごろに採集しないと、成長しすぎてきれいな繊維が取り出せない……。

　自然にあるものをよく観察して、最高のタイミングを見極める。それが原始時代を生き抜くための大原則だったに違いない。

骨組みに散りばめられた縄文技術

　木材は十分に集まった。屋根の骨組み作りにとりかかる。

　まずは柱から。1人が木を支え、もう1人がデカめの石をハンマーにして上から叩きこみ、地面に突き刺していく。

　さて、この柱の形状に、竪穴住居が優れた耐久性を持たせるためのある工夫がある。

それは、柱の先端が「Y字状」であることだ。「Y字頭柱」ともいうらしい。

縦に伸びているのが
Y字頭柱。
横にかかっているのが梁。

　Y字頭柱の二股の間に梁となる木材を載せることで、骨組みは安定する。さらに、その上に載せる垂木や屋根材の重みが柱に垂直方向にかかるため、柱がより深く刺さり頑丈になる。もしこれがI状であれば、梁と柱はロープできつく結束しなければ安定しない上、屋根材の重みが結束部にかかってしまい、脆い構造になる。

　この優れた木材連結法のおかげで、竪穴住居は特別な道具や木材加工を必要とせず、居住に足る頑丈さを得ることができるのだ。

　加えて、この柱の地面に挿す側は、あらかじめ火で焼いて炭化させておく。柱が土の中で腐りにくくするための手法で、これも縄文時代の竪穴住居で実際に使われていた技術なんだそう。Y字頭柱もそうだけど、考古学者の人たちは、よくこんな細かいところまでわかるものだ。

　柱と梁ができたら、後は全体に長めの木を立てかけ（垂木）、

そのすき間に屋根材を結束するための小枝を結んでいく。

結ぶ体勢がキツい。

　垂木ができると、だんだん竪穴住居の輪郭ができてきた。作業は順調。2人でウキウキしながら結び続ける。

　とはいえすき間を埋める木やヒモが足りなくなり、再調達する手間もかかったので、この作業はかなり時間を要した。

　骨組みができたのは、作業を始めて15日が経っていたころ。結んだ個所は400箇所に及んだ。

美しい骨組みができた。
あとはここに屋根を葺けば、
完成だ。

どんな屋根にしようかな

　僕は秋田の生まれで、母方の実家が山形の庄内地方にあった。子どものころ、お盆休みに海岸沿いを車で南下している時、重厚で真っ黒な瓦屋根の家々が立ち並ぶ光景が目に入り、その美しさに感動したのを覚えている。父に聞いたら、この瓦屋根が日本海の強い潮風と塩害から家屋を守っているのだと教えてくれた。

　ユネスコの世界遺産にもなっている岐阜県の白川郷の茅葺屋根が、「合掌造り」と呼ばれる特徴的な急傾斜の形状をしているのは、冬の大雪に耐えるためだ。

　人がどんな自然環境に生き、どう工夫してその厳しさと向き合っているか、屋根は教えてくれる。

　屋根とは、その土地に住む人々の暮らしを象徴する、ある種の「シンボル」なのだ。

　縄文の活動をしている僕たちの家は、どんな屋根にしようか。これはとても重要な問題だった。

　「なんの素材で葺く?」これが一時期僕らの間で一番ホットな話題となった。「葺く」とは、カヤなどの材で屋根を覆うことを指す。

　屋根材が決まるまでの流れはだいたいこんな感じ。

　カヤ(ススキ)はどうだろう?

　昔の住居といえば茅葺屋根だ。でもあいにく作業していた5月はススキがほとんど生えていなかった。

　それじゃあ「土」は?

最近の研究では、実際の竪穴住居は土葺きが多かったのではないかと言われている。富山県富山市にある「北代縄文広場」で復元された土葺きの竪穴住居を見たことがあるが、地面がこんもりと盛り上がった上に草やらお花やらが生えていて、それはそれは可愛らしかった。ちなみにそれを見て「ロードオブザリングのホビットの家みたい！」と僕。「テレタビーズのお家だ！」と文。お互い言っていることがわからなかったが、2人とも気に入ったので最初は土葺きが良いね、と話していた。

　しかしこの工法だと土と骨組みの間に、土が下に落ちないよう大量の木の皮を敷く必要があった。皮を捻出するために新しく木を切り倒すのは、時間がかかり木材も余る。

　屋根材は「丈夫」なだけでなく、「近くで簡単に採れる」ことが必須条件なんだ、とようやく気づいた。

　ということで、僕らの活動場所の周りをよく見て回ってみた。標高が 1000 mほどある高所なので、借りている土地のすぐ隣に立派な「クマザサ」の群生地を見つけた。クマザサは以前小屋を作ったときの屋根にも使っていて、丈夫なことは知っていた。数十本束ねたらかなり良い屋根材になりそう。

　「丈夫」「採集場が近い」「大量にある」クマザサは全ての条件を兼ね備えていた。

これだ。

　なんとかあのクマザサを使いたい。でも、登記簿を確認したらそこは国有林だった。国有林は草も保護対象なのか？

そもそも国有林の中に入ってよいのか？

　わからないことだらけだった。

　管轄する森林管理署に伺って、担当者に聞いてみた。「ああ、クマザサですね。1キロ14円です」と言われた。びっくりした、クマザサって売ってるんだ。

　正確には、採集する権利を購入するらしい。

　国有林の管理事業の支障にならない範囲であれば、クマザサなどの有用植物は許可を取り採集してよいのだそう（ブドウツルなんかも売ってた。編み細工に使うんだろう）。喜んで100キロ分の採取権を購入した。屋根材はクマザサに決まった。

最も過酷な日々　屋根葺き

　この活動をしていて、「今までの活動でどの作業が一番大変でしたか？」とよく聞かれる。そして僕らはこの質問に口を揃えて「竪穴住居の屋根葺きです」と答える。

　屋根葺き作業初日。早朝から山に入って、ひたすらクマザサをポキポキ折る。

クマザサ採りは中腰での単調な作業。なかなかきつい。

「あ〜るがまま〜の心で〜」

　突然聴こえてきた文の声。ミスチルの「名もなき詩」を熱唱していた。よっほど退屈なのか？　と思ったが、どうやら熊よけのために歌っているらしい。

　たしかにこの頃は山が暖かくなり、動物たちの気配を多く感じるようになった。僕もその日、藪の中で営巣中のスズメバチの巣を踏みつけそうになり、冷や汗をかいた。

　作業すること5時間。1000本ほどのクマザサが集まった。

　午後はいよいよ屋根葺き作業。50本ほどまとめて、ツルで結んで束にする。これを一束一束骨組みに結び付けていく。

　束にするのと、骨組みに結び付けるので、1束につきヒモを2本使った。もったいないけど、せっかく葺いた笹が時間経過で抜け落ちるのを防ぐためだ。束はしっかりと固定されていた。うん、これならいけそうだ。

　ところが、今日集めた分の束を全て葺いたとき、僕らは絶望した。朝から晩まで作業して、1段目の半分ほどしか葺け

ていないのだ。

丸1日の作業で
葺けたのがこちら。

　僕らの休日には限りがある。すでに骨組みだけで15日間
も費やしていた。笹葺き作業の終わりが見えない。
　僕は焦った。

文という男　"原初の職人"

　相方の文とは、結構長い付き合いになる。
　同じ会社の同期で、週末縄文人を始める前から毎年一緒
に旅行へ行くほど仲が良かった。
　3カ月かけて火を起こしたときも、夜通し石斧を作り続け
たときも、真冬に粘土をこねて凍傷になりかけたときも、文と
やれば楽しく乗り越えられる、そんな相方だ。
　そんな僕らが、初めてちょっとしたケンカをした（というより、
僕が一方的に怒ってしまった）のが、この笹葺き作業でのこ
とだった。
　前述のように、僕は竪穴住居の完成が、想定よりはるかに
遅れていることに焦っていた。限られた休みの間に、住居の
他にも土器や釣り、弓矢作りなど、やろうとしていたことがた

くさんあったからだ。原始時代のあらゆる作業には、それに適した「旬」がある。釣りや土器づくりなんかは冬になったらまともにできない。家ができたときに夏が終わっていたらどうしよう……なんてことをずっと考えていた。

　僕らふたりは趣味嗜好は似ているけど、性格はかなり違う。

　僕（縄）は目標を立てて、その目標を達成するために必要なことをこなし、課題を解決していくのが好きなタイプ。そのためスケジュールやその日のノルマをチマチマ気にする。

　対して文は、目の前にある作品を自分の納得のいくクオリティに高めたいという欲求がとにかく強い。そのためスケジュールはあまり気にせず、作業中にどんどん新しい作業を付け足す。

　僕は作ったものが必要な性能を持っていたらそれで満足してしまうので、作品をあまり突き詰めない。だから、石斧の石をいつまでもいつまでも磨き続けられる文を見て、こうはなれないなといつも感心していた。

　2人のこの性格の違いは、それまでの活動をトータルで考えると、実にバランスよく機能していた。

　屋根葺き作業でも、いつものように意見が割れた。

　屋根葺き2日目のこと。初日はできるだけ雨漏りしない屋根にするため、束と束の間隔をかなり詰めて葺いていたが、僕はその間隔を少し拡げて、ペースを上げることを提案した。すき間はできやすくなってしまうが、雨漏りしたところがあれば後で葺き足せばいい。とにかく早く作ろうと。

文は反対した。雨漏りが絶対ない、住みやすい家を作りたいから、今のままで葺きたいと。

　文の意見に僕は納得し、これまでと同じ間隔で葺くことに決まった。

屋根葺き作業
5日目あたり。

　問題が起きたのは、ここからだ。

　屋根葺きをはじめて10日が過ぎた。ひたすら笹を採っては葺く日々を積み重ねても、まだ屋根の半分ほどしか葺けていない。山は新緑の季節を迎え、初夏の兆しを見せていた。僕は焦りを通り越して、かなりイライラしていた。

　そんなとき、ふと屋根に目をやると、その日葺いた分があまり進んでないように見えた。

　なんと、文がいつの間にか、さらに狭い間隔で厚〜く葺いていたのだ。この葺き方だと、作業量はさらに増える。

　繰り返しになるが、笹葺きは相当きつい。午前いっぱいは笹採りで終始中腰、午後は狭い竪穴の中で常に上を向いた状態で束を結びつける。腰は痛いし、結ぶヒモはしょっちゅう切れて発狂しそうになる。

この過酷な笹葺きを一緒にやってきて、さらに作業の手間を増やす行為ができるコイツはなんなんだ？　そもそも２人で決めたはずの束の間隔を勝手に変えるんじゃねえよ……。

　縄文の暮らしでやりたいことは他にもたくさんあるのに……。今でこそすごいヤツだと思っているが、当時の僕にそんな余裕はなく、今後の活動がすごく不安になった。

　文のことは友人として好きだが、その時はなんだか、文のこだわりに付き合わされて、自分の時間がどんどん浪費されているような感覚に陥ってしまった。

　そんな風に思ってしまったことがとても申し訳なかったけど、帰りの車の中で、僕は文に溜まっていた感情をぶつけた。

　文は僕の意見をよく聞いてくれた。僕も、気持ちを正直に言えたことで落ち着いた。

　話し合いの結果、今回は文のやりたいように屋根を葺くことにし、その上で今後は先々の予定を考慮してくれることになった。

　あのときの文は、「雨漏りのない屋根を作る」ということに異様な執着を見せていた。

　僕は彼の屋根づくりに、"職人"の原初を見た気がした。それも現代の職人というよりは、納期に関しては大らかで、自分の納得いく作品を作ることを大事にする江戸時代の職人に近い。

　考古博物館へ行くと、「そこまでしなくても……」と思うような、機能性という尺度だけでは測れないクオリティの作品を見ることが多々ある。木の葉のようにペラペラな黒曜石の槍先、やたらたくさんの穴を空けた翡翠のカケラ（翡翠は非常

に硬く、穴を空けるには大変な手間がかかる)、意匠を凝らした縄文土器……こうした高い技術力を要する品々を生み出すことができたのは、ひたむきに己の技術を高めることに執念を捧げた縄文の職人がいたからこそだ。

きっと当時も、作品作りに没頭する職人的縄文人と、それをハラハラしながら見守る現場監督的縄文人がいたんだろうな。

そして完成へ

2人が同じ方向に向くことができ、その後の作業は順調そのものだった。

屋根葺き14日目。屋根は8割方埋まってきた。

しかし、頂上部に近づくにつれ、結び付けるスペースがなくなってきた。

笹の茎がジャマでこれ以上結び付けることができない。

悩んだ末、頂点用の骨組みを別に組んでそこに笹を葺き、上から載せる作戦に決めた。

頂上付近は手が届かなくて難儀していたが、これだと骨組みを地面に置いて作業できるのでかなり楽。2日かけて亀の甲羅みたいな頂上用屋根ができた。

かなり重かったので、すき間に真っすぐな木の棒を通し、余っていたY字頭柱でひっかけて持ち上げる。Y字頭柱、便利すぎる。

もうちょい、
もうちょい奥！
ほんの少し
時計回りに回して！

…… そう、そうだ!!!

…… 完ぺきじゃね?

　屋根葺き15日目、総日数30日。令和の世についに、ついに僕らの竪穴住居が建立された。

　360°どこから見ても、立派な縄文の家だった。

　無事できて安心した……。

　なんて美しいんだろう……。

　頑張ってきて本当によかった……。

　色々な感情がこみあげてきて、涙がこぼれてきた。

　完成の日は2人で、日が暮れるまで住居を眺めて過ごした。

149

いつまでも見ていたかった。

僕1人だったら、こんな立派なものは到底作れていない。文、キレてごめん。本当にありがとう。

縄文人の見ていた世界

後日、内装を整えた。壁の土を固め、入口には階段を作り、部屋の真ん中に小さな炉を築いた。火を焚けば途端に空気が循環し、生活に足る快適な住居となった。

実際に竪穴住居の中で生活してみて、気づいたことがある。以前、井戸尻考古館のKさんから、縄文人にとって竪穴住居は単なる寝泊まりする場ではなく、「『生まれ変わり』を体現するための聖なる場所だった」という話を聞いた。

他の民族例をヒントに導き出された考え方なのだそうだが、僕は最初、あまりピンとこなかった。生まれ変わりってどういうこと？　なんのために？

でも住居の中にいて、ハッとした。

竪穴の室内はほとんど光が入らず、真っ暗だ。夜になって焚き火の火を消すと、恐怖を感じるほどの暗黒と静寂の空間

に変わる。

　そして朝、入り口の光明に導かれて外に出ると、一瞬視界が真っ白になる。そしてだんだんと目が慣れて、深緑の自然の輪郭がくっきりと見えてくる。

かつての
縄文人も
見たであろう、
竪穴住居内から見る
外の世界。

　科学的にはただの眼球の明順応だ。でもこの瞬間はなんというか、「この世界に生まれ出た」という、理屈ではわからない、不思議な感覚になった。

　夜、竪穴に潜ることで生命の根源たる大地に還り、朝に再び生命としてこの世界に誕生する――

　自然の流れに寄り添って生きていた縄文人にとって、この体験は彼らの信仰上とても大切な行為だったということが、今は身に沁みて感じ取れる。

　縄文時代、なんて奥深いんだ。

　こりゃあまだしばらく、弥生にはいけないや（^_^;）

縄文の世界から現代を見つめて

まえがきで、僕は週末縄文人を始める前、都会のサラリーマンとしての暮らしに生きがいを感じられず、モヤモヤを抱えていた、と書いた。

　この文章を書いている今、活動を始めて丸3年が経とうとしている。僕らの文明は少しずつではあるが、着実に進んでいて、今は弓矢作りにいそしんでいる。それに、多くの方から応援や共感のメッセージをもらえるようになり、活動そのもの以外のやりがいも増えた。

　……では、僕の厄介なモヤモヤはどうなっただろうか?

　まあ、相変わらずサラリーマンだし、正直言って人生の細々とした悩みは尽きない。でも、以前のように生きる意味がわからず、悶々とすることは少なくなったように思う。それは1つには、週末縄文人の活動の中で "生きている実感" を味わう瞬間があるからだろう。

　竪穴住居作りや、木を切るための石斧作り、そして調理するための土器作り……。すべての縄文活動は、自分たちの生活をより安全で、豊かにするための労働だ。この、労働と生活とが直結している感じが、現代の仕事では得られない、生きる充実感に結びついているのだと思う。現代の複雑な社会では、自分の仕事が誰の暮らしを豊かにしているのか見えづらいし、本当にプラスの方向に役立っているのかさえもわからないのだから。

　それに、石を磨いたり、鹿ツノを黙々と削ったりする時間そのものが非常に良い。

穏やかな春の1日。石を磨く手先の感覚だけに集中していると、次第に頭が空っぽになり、鳥や虫の音がクリアに聞こえてくる。我を忘れてしばらく作業に没頭したあと、体をほぐすために伸びをする。すると、ふと、柔らかい風が頬をなでていく……。そんな瞬間、僕は体の奥底がブルっと震えて、「ああ、生きてるなあ」と感じるのだ。どれだけ煩わしい日々でも、そんな時間が週に1度あるだけで、人生はぜんぜん違う。

　都会での現代の暮らしにも、小さな変化があった。前よりも、自分の暮らしを大事にするようになった気がする。朝食や夕食を自分で料理してみたり、シーツをこまめに洗濯してみたり、ベランダでトマトを植えてみたりと、3年前にはやらなかったようなことを、何気なくやっている自分がいる。
　なぜか。それはきっと、現代も縄文時代も、暮らしというものの本質は変わらないということに気づいたからだ。衣食住のスタイルは変わっても、僕らはいつだって、より幸せに暮らしたいだけなのだ。1万年前の土器のコップと、今僕の目の前にあるマグカップは、地続きでつながっている。そう考えると、週末だけでなく、現代での暮らしだってもう少し丁寧に、自分の手で作っていこうかなという気にもなるのだ。

　最後にひとつ。こうした経験や気づきは、週末縄文人をやらなければ絶対に得られなかった。なかなか面と向かっては言えないが、この機会を与えてくれた相方の縄。この場を借りて、本当にありがとう。

平日の現代人としての人生も、週末の縄文人としての人生も、まだまだ先は長い。この先お互いどうなっていくかはわからないけど、休み休みでも、おじいさんになるまで一緒にこの活動を続けられたら嬉しい。これからもケガなく、楽しくやっていきましょ。よろしく！

週末縄文人・文

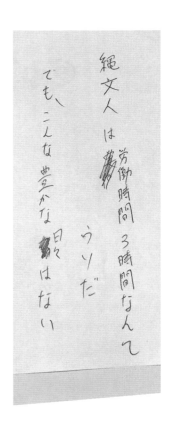

縄文人は 労働時間 3時間なんて ウソだ

でも、こんな豊かな暮らしはない

僕がこんな活動を始めた原点はたぶん、大学時代に経験した「山登り」にある。

　体育会のワンダーフォーゲル部に所属し、学生生活の大半を山に費やしてきた。一般的な登山だけでなく、沢登りやロッククライミング、冬山など、ちょっとマニアックな活動をする部活だった。

　朝日が差し込み、燃えるような赤みを帯びた北アルプスの峰々、40センチを超える大イワナが悠々と泳ぐ深山幽谷の美渓。人の手の及ばない大自然と対峙できる、貴重な経験だった。

　一方で、山では常に危険がつきまとう。そして何より、「自分たちの身は自分たちで守らなければならない」という大前提があった。

　食糧は何日分必要か、危険個所をどんな装備で通過するか、もし誰かがケガをして行動不能になったら、どのルートから下山するか。あらゆるリスクを想定し、綿密な計画を立てて山行に臨むのが常だった。

　1年生のうちは、ただのほんと先輩の後ろをついていけばよかった。でも上級生になってからは自分がリーダーとなり、メンバーの命が肩に重くのしかかった。

　後輩が谷筋に滑落したときは、お葬式で親御さんが悲しみに暮れる映像が頭に浮かび血の気が引いたし（幸い無傷だったけど）、沢登り中大雨に見舞われて動けなくなり、濁流のすぐそばでビバークしたときは、不安で一睡もできなかった。

そんな危険を乗り越えて全員が無事に下山できたときには、ものすごい達成感があった。「自分たちの力で生き延びたぞ！」という、生物としての本能的な喜びを得られた。

　しかし、「自分の身を自分で守る」という山の感覚を持ったまま下山して現代の暮らしを見渡してみると、あらゆるリスクが、己の力の枠外で守られていることに目がいくようになった。

　住む場所も、食べるものも、病気を治すことも、何かをちょっと修理することさえ、あらゆる人の営みが、お金で買えてしまう世界。

　安心安全な生活インフラ、1億という莫大な人口に1世紀近い平均寿命、それを実現させたこの国の高度な科学文明は素晴らしいものだと思う。

　でもそれに長く頼ってきた結果、僕たちは単体の動物としてはかなり脆弱な存在になってはいないか、そんな問題意識を持つようになった。

　当時読んだ本の中に、1990年代のボスニア・ヘルツェゴビナ紛争に巻き込まれた、小さな都市のことが紹介されていた。

　ゴラジュデ市というムスリム人が多く住む都市が、対抗するセルビア人武装勢力に包囲され、住民たちはなんと3年間も自給自足を強いられた。そこで彼らは、車に内蔵されたオルタネータという発電装置を取り外し、プロペラをつけて都市の外に流れる河川に設置して、自前の発電装置を拵えて電気を自給したのだそうだ。

現代の日本人がこの状況に陥った時、同じことができる人間が
どれだけいるだろうか。少なくとも文系大学卒の僕には、その自
信がない。

　「生きるのに必要なものを自分で生み出す」という人間の本質
的な行為を見つめ直したい、そんな思いから、「現代の道具を一
切使わず、自然にあるものだけでゼロから文明を築く」ことをコンセ
プトにしたYoutubeチャンネル「週末縄文人」の活動が始まった。

　内容は本書の通りだが、その難しさは想像をはるかに超えていた。

　「キリモミ式火起こし」という縄文よりはるか昔の、旧石器時代
からあるテクノロジーでさえ、マスターするのに2カ月かかった。

　火きり棒を回す力の入れ方、穴の形、火種を火口に入れた後の
空気の送り方……あらゆる工程にコツがあり、奥深さがあった。

　何度も何度も失敗して、一つ一つの工程が最高の形にたどり
着いたとき、火は点いた。

　その時の感動は今でも忘れられない。100％自分たちの力で生
み出した火。神聖さすら感じる美しさだった。

　僕らは、たとえ無人島に放り込まれても火だけは起こせる
……！　という妙な自信を得た。急峻な山の難ルートを踏破した
ときのような、えもいわれぬ達成感があった。

　そして、最初はサバイバル的要素の強い活動だと思っていたこ

の取り組みはその実、「人類の歴史」という書物を1ページ1ページ丁寧に読み進めていくような、独特な味わい深さがあった。

　火があれば、寒い夜でも暖がとれる。次は土器を焼いて栗を煮ようか。副産物の煙で皮を鞣せば服ができるね……暮らしを自分たちで一歩一歩豊かにしていく感覚が、たまらなく楽しい。

　僕はきっと、おじいさんになってもこの活動を続けているだろう。その頃には、江戸時代くらいまで文明が進んでるといいな。文、これからもよろしく ^^

……ここまで読んでくださった皆さんも、もしよかったら僕たちと一緒に「週末縄文人」、してみませんか？

　色々お話しましたが、この活動はすごく面白いです！たぶん、この本を参考にして火起こしを試みても、はじめは火はつかないでしょう。でも、苦労してようやく自分の力で生み出した火は、本当に良いものです。

　火の起こし方、土地の問題、材料の問題、山火事の危険、ハードルは色々あると思います。できる限り相談に乗りますので、悩んだらご連絡ください (^^)/

　　　　（メールアドレスはこちら → shumatsujomonzin@gmail.com）

　　　　　　　　　　　　　　　　　　　　週末縄文人・縄

最後に、この活動を続ける中で、お世話になった皆さまへ。

　素晴らしい土地を見つけるのに協力してくださったしんちゃん、役場の皆さま。動画のアドバイザーをしてくれる、いつも温かな文のご家族。豊富な人脈で地域の有力者と僕たちを繋げてくれた本間さん。いつも自由に山の木を切らせてくれるやっさん。自宅の庭から、最高品質の粘土を採らせてくれる寺さん。ザリガニや渓流魚の生息地を教えてくれたおっさむさん、こうへいさん。狩猟の現場を見せてくださり、貴重な鹿角・鹿皮を譲ってくれた「狩顚童子」の皆さま。「週末弥生人」に向けて、自然農の稲作を一から教えてくれている内田さんご夫婦。困ったときに、どんぴしゃのアドバイスをそっとくれる井戸尻考古館の先輩縄文人たち。石器作りの奥深さを教えてくれた、岩宿博物館友の会の金子さん。動画を見て、実際にヒモギリ式火起こしに挑戦し成功させた、元カリタス小学校6年2組縄文人の皆さん。本を書くという、人生でもなかなかない貴重な機会を与えてくれた編集の松本さん。僕らの山に何度も通って、渋くてかっこいい写真をたくさん撮ってくれたフォトグラファーの横井さん。僕らのテーマを深く理解し、素敵なデザインにしてくれたデザイナーの近藤さん。月1回ほどの投稿頻度でも辛抱強く待ってくれる温かいチャンネル視聴者の皆さま。

　皆さんの支えがあって、今の僕たちがあります。本当にありがとうございます。これからもどうか、よろしくお願いします。

2023年7月吉日　　週末縄文人　縄・文

著者プロフィール

週末縄文人
(しゅうまつじょうもんじん)
都会のサラリーマン2人が、週末を使っ
て縄文生活をする様子をYouTubeで
配信。「現代の道具を使わず、自然にあ
るものだけでゼロから文明を築くこと」
を目的に、ライターを使わずに火を起こ
し、石を削り出した斧で木を切る。
最終的には江戸時代まで文明を進める
のが夢。背が高いほうが「縄(じょう)」、
がっしりしているほうが「文(もん)」。
2人ともアラサー。

縄(じょう)
1991年秋田生まれ。大学時代にワンダーフォーゲル部
に所属し、学生生活の多くの時間を山で過ごす。趣味
は釣りと料理。好きな縄文活動はヒモ撚りと土器作り。

文(もん)
1992年東京生まれ。幼少期をアメリカ・ニュージャー
ジー州やアラスカ州で過ごす。縄文時代に1つだけ持っ
ていけるとしたらアイスクリームを選ぶ。

資料提供:井戸尻考古館(P48の写真)

週末の縄文人
2023年8月25日　第1刷発行
2023年9月22日　第2刷発行
著者/週末縄文人　縄・文
アートディレクション・デザイン/近藤正哉(KINGCON DESIGN)
デザイン/中村千春
撮影/横井明彦
編集/松本貴子(産業編集センター)

発行/株式会社産業編集センター
〒112-0011　東京都文京区千石4丁目39番17号
TEL 03-5395-6133　FAX 03-5395-5320
印刷・製本/萩原印刷株式会社